?! 歴史漫画《れきしまんが》 タイムワープ シリーズ 通史編《つうしへん》 2

古墳時代《こふんじだい》へタイムワープ

マンガ：工藤《くどう》ケン／ストーリー：チーム・ガリレオ／監修《かんしゅう》：河合《かわい》 敦《あつし》

はじめに

古墳時代《こふんじだい》は、今《いま》から約《やく》1700〜1300年前《ねんまえ》、日本列島《にほんれっとう》に大《おお》きな丘《おか》を持《も》つ墓《はか》——古墳《こふん》がたくさんつくられた時代《じだい》です。

この時代《じだい》について、学校《がっこう》の授業《じゅぎょう》では、古墳《こふん》が登場《とうじょう》した時期《じき》に近畿地方《きんきちほう》に「大和朝廷《やまとちょうてい》（大和政権《やまとせいけん》とも）」という政府《せいふ》が生《う》まれ、日本列島《にほんれっとう》を統一《とういつ》していったことや、中国《ちゅうごく》や朝鮮半島《ちょうせんはんとう》から漢字《かんじ》や仏教《ぶっきょう》を始《はじ》めとする様々《さまざま》な文《ぶん》化《か》を積極的《せっきょくてき》に受《う》け入《い》れていったことなどを学習《がくしゅう》します。

今回《こんかい》のマンガでは、宇宙人《うちゅうじん》の3兄弟《きょうだい》が、小学生《しょうがくせい》のレオナとキサキを巻《ま》き込《こ》んで古墳時代《こふんじだい》にタイムワープします。5人《にん》は多《おお》くのピンチにあいながらも、古墳《こふん》のことや大和朝廷《やまとちょうてい》について学《まな》んでいきます。

古墳時代《こふんじだい》の生活《せいかつ》はどのようなものだったのでしょうか？　5人《にん》と一緒《いっしょ》に冒険《ぼうけん》しましょう！

監修者《かんしゅうしゃ》　河合《かわい》　敦《あつし》

今回《こんかい》のタイムワープの舞台《ぶたい》は…？

4万年前《まんねんまえ》
2万年前《まんねんまえ》
1万年前《まんねんまえ》
2000年前《ねんまえ》
1500年前《ねんまえ》
1400年前《ねんまえ》
1300年前《ねんまえ》
1200年前《ねんまえ》
1100年前《ねんまえ》
1000年前《ねんまえ》
900年前《ねんまえ》
800年前《ねんまえ》
700年前《ねんまえ》
600年前《ねんまえ》
500年前《ねんまえ》
400年前《ねんまえ》
300年前《ねんまえ》
200年前《ねんまえ》
100年前《ねんまえ》
50年前《ねんまえ》
先史時代《せんしじだい》
古代《こだい》
中世《ちゅうせい》
近世《きんせい》
近代《きんだい》
現代《げんだい》
旧石器時代《きゅうせっきじだい》
縄文時代《じょうもんじだい》
弥生時代《やよいじだい》
古墳時代《こふんじだい》／
飛鳥時代《あすかじだい》
ココ!!
奈良時代《ならじだい》
平安時代《へいあんじだい》
鎌倉時代《かまくらじだい》
室町時代《むろまちじだい》
安土桃山時代《あづちももやまじだい》
江戸時代《えどじだい》
明治時代《めいじじだい》
大正時代《たいしょうじだい》
昭和時代《しょうわじだい》
平成時代《へいせいじだい》
令和時代《れいわじだい》
日本人《にほんじん》の祖先《そせん》が住《す》み着《つ》く
土器《どき》を作《つく》り始《はじ》める
貝塚《かいづか》が作《つく》られる
米作《こめづく》りが伝《つた》わる
大和朝廷《やまとちょうてい》が生《う》まれる
平城京《へいじょうきょう》が都《みやこ》になる
平安京《へいあんきょう》が都《みやこ》になる
モンゴル（元《げん》）軍《ぐん》が２度《ど》攻《せ》めてくる
室町幕府《むろまちばくふ》が開《ひら》かれる
金閣《きんかく》や銀閣《ぎんかく》がつくられる
江戸幕府《えどばくふ》が開《ひら》かれる
明治維新《めいじいしん》
大正《たいしょう》デモクラシー
太平洋戦争《たいへいようせんそう》
高度経済成長《こうどけいざいせいちょう》
米作《こめづく》りが広《ひろ》まる
巨大《きょだい》なお墓《はか》（古墳《こふん》）がつくられる
奈良《なら》の大仏《だいぶつ》がつくられる
華《はな》やかな貴族《きぞく》の時代《じだい》
鎌倉幕府《かまくらばくふ》が開《ひら》かれる（武士《ぶし》の時代《じだい》の始《はじ》まり）
戦国時代《せんごくじだい》
町人文化《ちょうにんぶんか》が盛《さか》んになる
文明開化《ぶんめいかいか》
現代《げんだい》

もくじ

1章《しょう》　古墳時代《こふんじだい》に出発《しゅっぱつ》だ!　8ページ

2章《しょう》　古墳《こふん》づくりの現場《げんば》を目指《めざ》せ!!　24ページ

3章《しょう》　埴輪《はにわ》の代《か》わりに生《い》き埋《う》め!?　40ページ

4章《しょう》　かわいそうな逃亡者《とうぼうしゃ》　54ページ

5章《しょう》　大王《おおきみ》の弟《おとうと》を助《たす》けろ!　72ページ

6章《しょう》　クササミに捕《つか》まった!!　88ページ

7章《しょう》　バルボードを取《と》り返《かえ》せ!　104ページ

8章《しょう》 タイムワープで逃《に》げろ! 120ページ
9章《しょう》 大噴火《だいふんか》で古墳《こふん》やムラが消《き》えちゃう!? 134ページ
10章《しょう》 危険《きけん》な火山《かざん》から人々《ひとびと》を守《まも》れ! 150ページ

歴史《れきし》なるほどメモ

1 古墳時代《こふんじだい》ってどんな時代《じだい》? 22ページ
2 前方後円墳《ぜんぽうこうえんふん》は誰《だれ》の墓《はか》? 38ページ
3 埴輪《はにわ》の役割《やくわり》って何《なに》? 52ページ
4 古墳時代《こふんじだい》のヒーロー・仁徳天皇《にんとくてんのう》 70ページ
5 大和朝廷《やまとちょうてい》を支《ささ》えた豪族《ごうぞく》たち 86ページ
6 前方後円墳《ぜんぽうこうえんふん》ってどんなもの? つくり方編《かたへん》 102ページ
7 前方後円墳《ぜんぽうこうえんふん》ってどんなもの? 構造編《こうぞうへん》 118ページ
8 古墳時代《こふんじだい》の人々《ひとびと》の生活《せいかつ》 132ページ
9 火山《かざん》の噴火《ふんか》で埋《う》もれた村《むら》 148ページ
10 古墳時代《こふんじだい》の終《お》わり 166ページ

教《おし》えて!! 河合先生《かわいせんせい》 古墳時代《こふんじだい》 おまけ話《ばなし》

1 古墳時代《こふんじだい》ヒトコマ博物館《はくぶつかん》 168ページ
2 古墳時代《こふんじだい》ビックリ報告《ほうこく》 170ページ
3 古墳時代《こふんじだい》ニンゲンファイル 172ページ
4 古墳時代《こふんじだい》ウンチクこぼれ話《ばなし》 174ページ

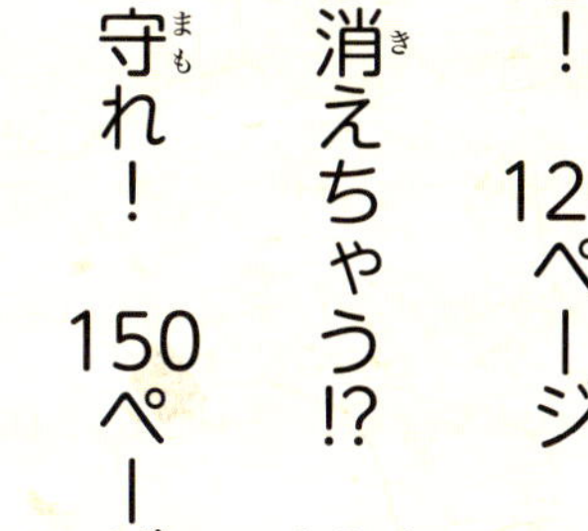

登《と》場《じょう》人《じん》物《ぶつ》

ホセ

地球《ちきゅう》からうーんと遠《とお》い
オット星《せい》にすむ、
アーサ、ホセ、ナルルの
アホナ３兄弟《きょうだい》の次男《じなん》。
いつも元気《げんき》で好奇心旺盛《こうきしんおうせい》。

アーサ

「アホナ３兄弟《きょうだい》」の長男《ちょうなん》。
優《やさ》しくておっとりしていて、
アートにとても関心《かんしん》がある。

ナルル

アホナ３兄弟《きょうだい》の末《すえ》っ子《こ》。
マイペースな甘《あま》えん坊《ぼう》で、
食《た》べることが大好《だいす》き。

キサキ

レオナと同《おな》じ町《まち》に
住《す》む小学生《しょうがくせい》。
レオナと同《おな》じく
歴史好《れきしず》きで、
明《あか》るくてイケメン好《ず》きの
女《おんな》の子《こ》。

レオナ

日本《にほん》のどこか、
古墳《こふん》がある公園《こうえん》の
近《ちか》くに住《す》む、歴史《れきし》が大好《だいす》きな小学生《しょうがくせい》。
キサキと「レ（オナ）・キ（サキ）女《じょ》コンビ」を組《く》む
かしこい女《おんな》の子《こ》。

ヤカン

古墳時代《こふんじだい》のムラに
住《す》む老婆《ろうば》。

クササミ

古墳時代《こふんじだい》の
アンナクニの役人《やくにん》。

アホナ3兄弟
レキ女コンビ

1章《しょう》 古墳時代《こふんじだい》に出発《しゅっぱつ》だ！

地球《ちきゅう》からうーんと
遠《とお》いところにある
オット星《せい》
そのオット星《せい》では
年《ねん》に一度《いちど》の墓参《はかまい》りの行事《ぎょうじ》
「生命祭《せいめいさい》」が行《おこな》われていた
あー あー
コホン
ス
ジュ～
ワイ
ワイ

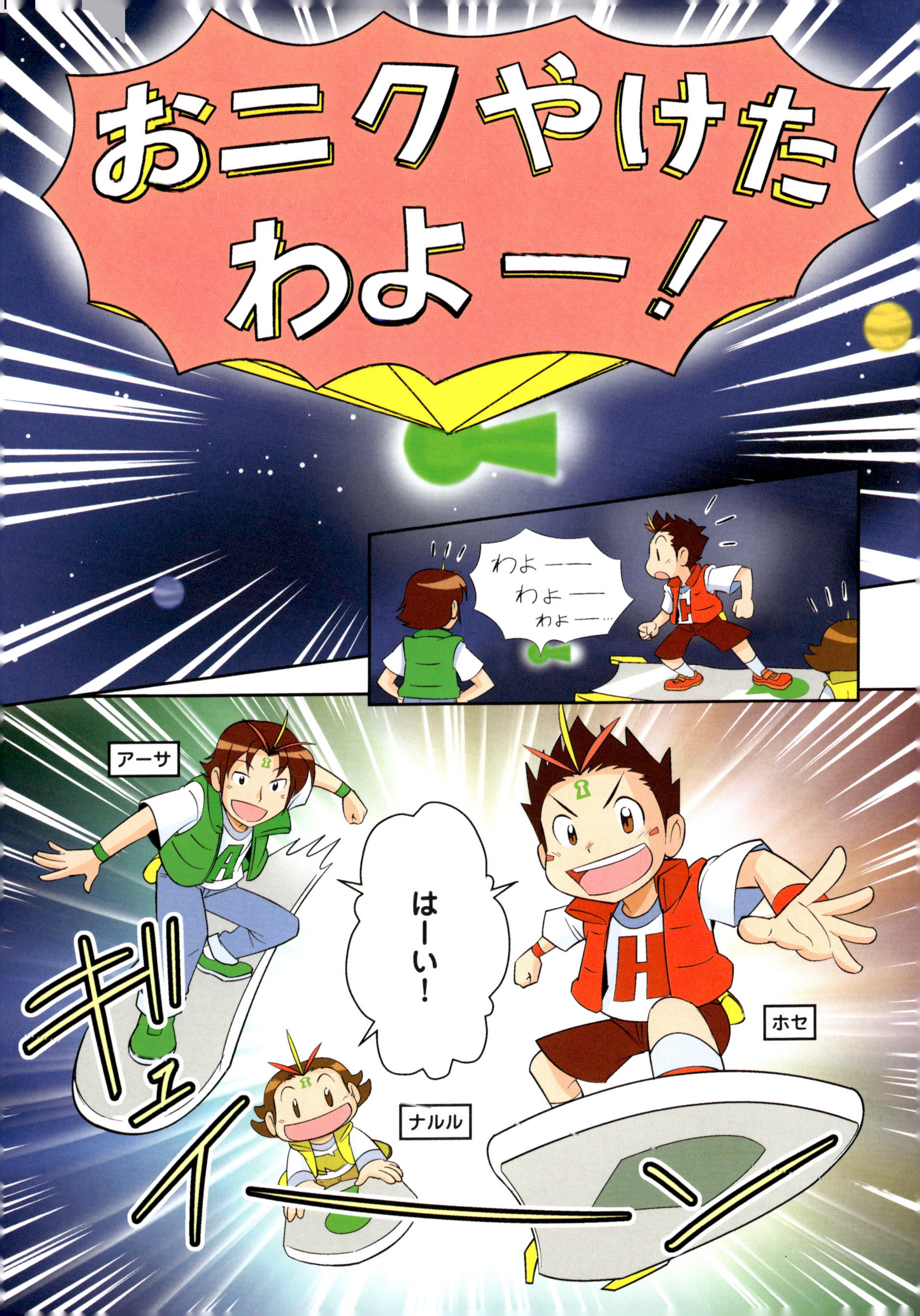
おニクやけたわよーー!
わよーー
わよーー
わよーー…
はーい!
ホセ
アーサ
ナルル
キュイーン

ワイワイ
ギュ――ン
あれ あの子《こ》たち どこに行《い》ったの かしら
キョロ キョロ
ママー
アーサ! 食《た》べ物《もの》で 遊《あそ》ばないで~!
ウフ
ジャーン!!
見《み》て見《み》て アートでしょ
はは《ママ》ー ひっぱい《イッパイ》 はひっは《ハイッタ》ほ《ヨ》ー
ナルル! 食《た》べすぎよ――!
バッワーン

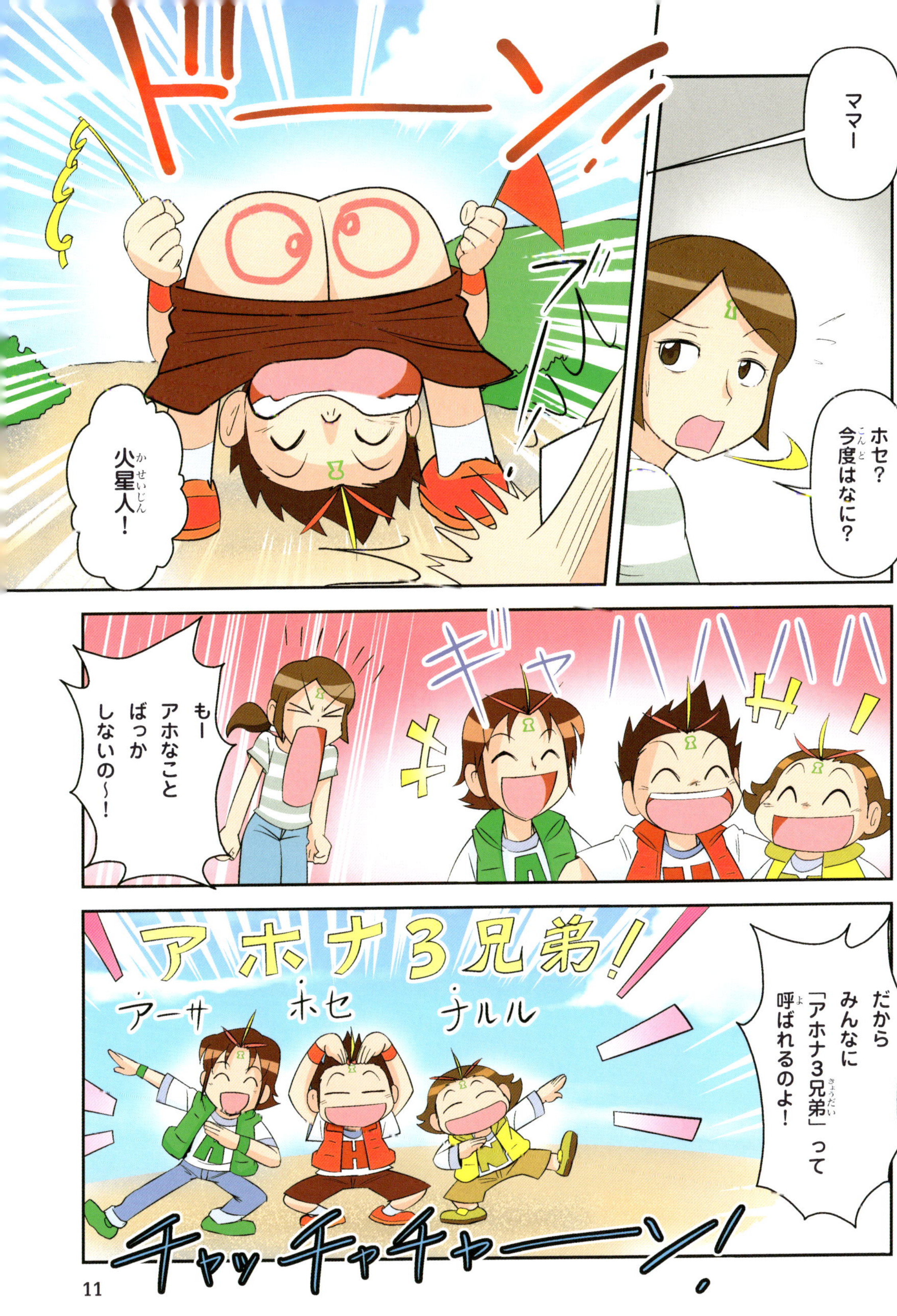
ママー
ホセ？
今度《こんど》はなに？
ドーーン！
火星人《かせいじん》！
ギャハハハハ
もー
アホなこと
ばっか
しないの～！
だから
みんなに
「アホナ3兄弟《きょうだい》」って
呼《よ》ばれるのよ！
アホナ3兄弟！
アーサ
ホセ
ナルル
チャッチャチャーーン！

エッヘン
その呼《よ》び名《な》学校《がっこう》でも使《つか》われてる！有名《ゆうめい》なんだぜオレたち！
そんなことで有名《ゆうめい》でもしょうがなーい！
おーい アホナ3兄弟《きょうだい》！
パパ！
おかえりなさーい 今日《きょう》は早《はや》いね
ああ せっかくの祭《まつ》りだからな

3人《にん》とも こないだ 買《か》ってやった バルボード 大事《だいじ》に使《つか》ってるか？
うん これでしょ いつも 持《も》ち歩《ある》いてるよ
今日《きょう》も となりの キンモク星《せい》まで 行《い》ってきた！
バルボード 時間《じかん》や空間《くうかん》を 移動《いどう》できる
ピカー！
そこでね 黄金《おうごん》のカブトムシの うんこを見《み》つけたよ！
うわ 近《ちか》づけるな
そうかそうか 楽《たの》しんで くれてるようで なによりだ
ところで おまえたち このバルボードには とっておきの 機能《きのう》がついているのを 知《し》ってるか？
とって おきの 機能《きのう》？
なんだ それ？ うまいのか？

なんと時空移動《じくういどう》さ！
えええええええマジっすか！
ボードのうらのボタンで行《い》く時代《じだい》や場所《ばしょ》をセットできるんだ
2017
パパも若《わか》い頃《ころ》はこいつで時空旅行《じくうりょこう》を楽《たの》しんだもんだよ
へーどんなところに行《い》ったの？
んーそれはちょっと言《い》えないかな
とくにママには・・・
にへら〜
ん？
あっそうそう地球《ちきゅう》の日本《にほん》に行《い》った時《とき》にはあの墓《はか》とよく似《に》たすっごくデカイ墓《はか》を見《み》つけたぞ
そこで黄金《おうごん》の靴《くつ》をはいた王様《おうさま》と鬼《おに》ごっこをしたもんだ
王様《おうさま》と鬼《おに》ごっこ!?なんかカッケー!!
フン

オー
よーし オレたちも そこに行《い》って 黄金《おうごん》の靴《くつ》を はいた王様《おうさま》と 鬼《おに》ごっこするゾ！
ボクも デカイお墓《はか》で 鬼《おに》ごっこ したい！
ウフフ
うーん ボクはどうせなら お墓《はか》をつくっている 様子《ようす》が見《み》たいな……
アート心《ごころ》が くすぐられる のさ
よし これで 調《しら》べてみるか
ジャキ
ピピピ
バルゴーグル
歴史《れきし》や科学《かがく》など いろいろなことを 教《おし》えてくれる
おお！ そのお墓《はか》を つくっていたのは 古墳時代《こふんじだい》だって！
よーし それじゃあ 地球《ちきゅう》の日本《にほん》の 古墳時代《こふんじだい》に 出発《しゅっぱつ》だ！
ギュイーン
パパ ママ 行《い》ってきまーす！

一方《いっぽう》 地球《ちきゅう》
21世紀《せいき》の日本《にほん》
古墳《こふん》がある公園《こうえん》
拝《おが》みの滝《たき》
ザー
この場所《ばしょ》って いつ来《き》ても 静《しず》かすぎて 怖《こわ》いね
ここは 古墳時代《こふんじだい》に 祭《まつ》りの儀式《ぎしき》が 行《おこな》われたといわれる 「拝《おが》みの滝《たき》」よ
神聖《しんせい》な場所《ばしょ》は 静《しず》かで 少《すこ》し怖《こわ》いのが お約束《やくそく》なのよ
ザザー
キサキ
レオナ
古墳時代《こふんじだい》と いえば……

この間《あいだ》
これをもらったん
だけど……
ピッ
仁徳天皇《にんとくてんのう》
オオサザキ
キャ――――
仁徳天皇《にんとくてんのう》♥
なにこれ 超激《ちょうげき》レア
じゃん！
さっすが
よく知《し》ってるわね!!
仁徳天皇《にんとくてんのう》は
古墳時代《こふんじだい》のヒーローだもん
とーぜんよ!!
あああー
この神聖《しんせい》な場所《ばしょ》で
仁徳天皇《にんとくてんのう》の霊《れい》と
交信《こうしん》できないかな……
おおい
ちょっと
レオナ なに
言《い》ってんの!?
仁徳天皇様《にんとくてんのうさま》！
どうか私《わたし》たちの前《まえ》に
そのお姿《すがた》を！
見《み》せてください！
ザザザー

ギュ〜
ブ
オ
ン
!
わぁぁぁぁ
ぁぁぁぁぁ!
えええええ
ええええ?

ドッシーン
いててて
なんだよ へんなところに 出《で》ちゃったぞ
ガタ ガタ
えーーと ここは どこだ?
キョロ キョロ
ちょっと いつまで 人《ひと》の上《うえ》に 乗《の》っかってんのよ!
バーン
ドシャ

いってーな なにするんだよ
あなた 誰《だれ》？
オレか？ オレの名前《なまえ》はホセ！ オット星《せい》から 来《き》たんだよ
オットセイ!?
水族館《すいぞくかん》にいる アレ？
ちがーう！ 地球《ちきゅう》からすっげー 遠《とお》くにある星《ほし》だよ!!
え？ ということは……
宇宙人《うちゅうじん》!?
うわぁー 私《わたし》 宇宙人《うちゅうじん》 初《はじ》めて見《み》た
いやいやいや 簡単《かんたん》に信《しん》じちゃ ダメでしょ

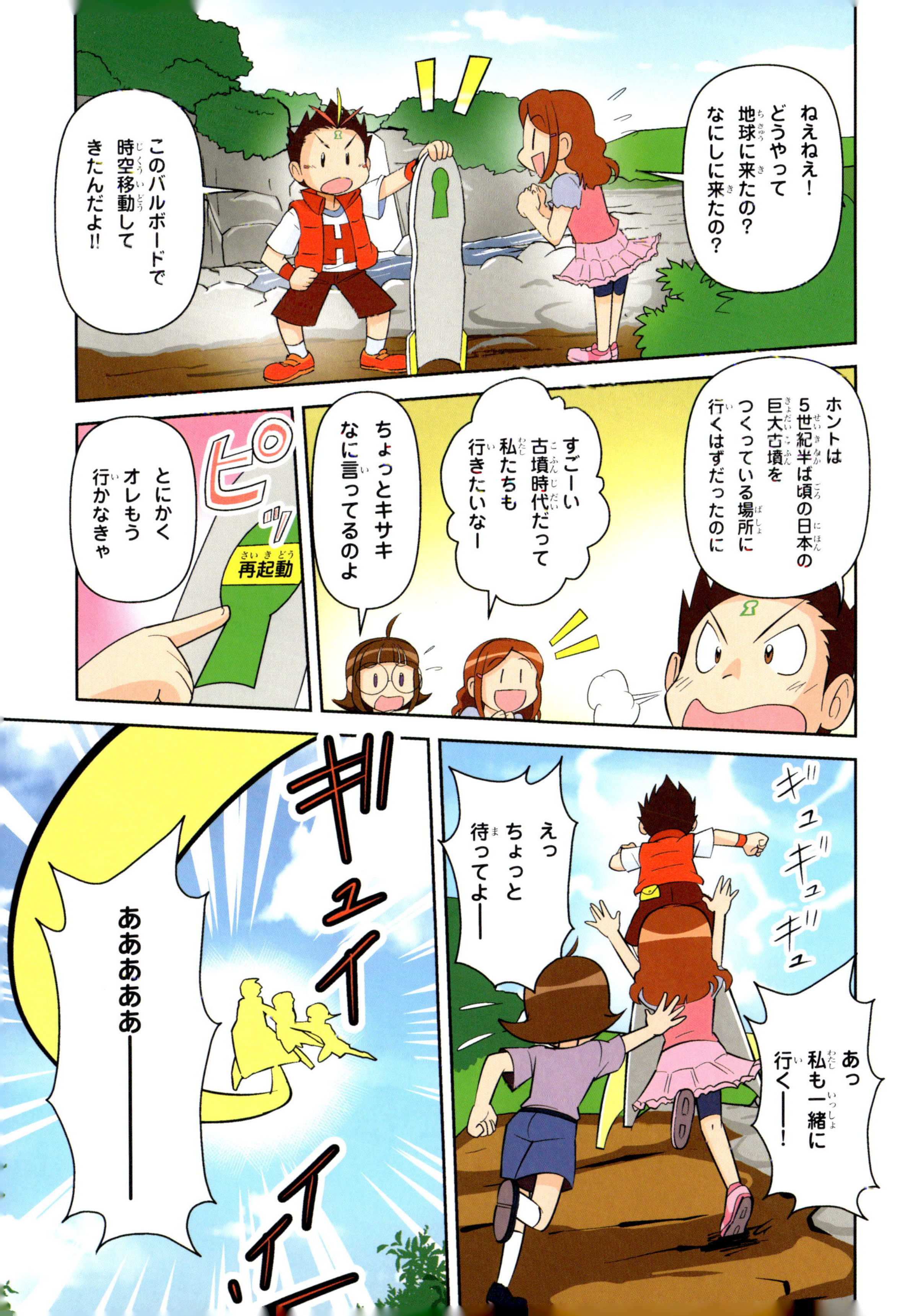
ねえねえ！どうやって地球《ちきゅう》に来《き》たの？なにしに来《き》たの？
このバルボードで時空移動《じくういどう》してきたんだよ!!
ホントは5世紀半《せいきなか》ば頃《ごろ》の日本《にほん》の巨大古墳《きょだいこふん》をつくっている場所《ばしょ》に行《い》くはずだったのに
すごーい古墳時代《こふんじだい》だって私《わたし》たちも行《い》きたいなー
ちょっとキサキなに言《い》ってるのよ
ピッ
再起動《さいきどう》
とにかくオレも行《い》かなきゃ
ギュギュギュギュ
えっちょっと待《ま》ってよー
あっ私《わたし》も一緒《いっしょ》に行《い》く――！
ギュイイイイ
ああああああ――

古墳《こふん》時代《じだい》ってどんな時代《じだい》？

①日本《にほん》に大和朝廷《やまとちょうてい》が誕生《たんじょう》！

本格的《ほんかくてき》なコメづくりが行《おこな》われるようになった弥生《やよい》時代《じだい》には、各地《かくち》に王《おう》（豪族《ごうぞく》）などの権力者《けんりょくしゃ》が現《あらわ》れ、人々《ひとびと》をまとめるようになっていました。

3世紀後半頃《せいきこうはんごろ》になると、大和地方《やまとちほう》（奈良盆地周辺《ならぼんちしゅうへん》）を中心《ちゅうしん》に、近畿地方《きんきちほう》の豪族《ごうぞく》たちによる大《おお》きな力《ちから》を持《も》つ連合政権《れんごうせいけん》が誕生《たんじょう》しました。この連合政権《れんごうせいけん》を「大和朝廷《やまとちょうてい》」や「大和《やまと》（ヤマト）政権《せいけん》」などといいます。

連合政権《れんごうせいけん》が大王《おおきみ》を中心《ちゅうしん》にして日本《にほん》の形《かたち》をつくったのね

②勢力《せいりょく》を広《ひろ》げる大和朝廷《やまとちょうてい》

たくさんの豪族《ごうぞく》たちが連合《れんごう》する大和朝廷《やまとちょうてい》は、強大《きょうだい》な力《ちから》を持《も》つリーダーを中心《ちゅうしん》にまとまっていきました。この政権《せいけん》を率《ひき》いるリーダーは、大王《おおきみ》（後《のち》の天皇《てんのう》）と呼《よ》ばれました。

5、6世紀以降《せいきいこう》、大和朝廷《やまとちょうてい》は、九州地方《きゅうしゅうちほう》から関東《かんとう》地方《ちほう》、東北地方《とうほくちほう》まで勢力《せいりょく》を広《ひろ》げ、各地《かくち》の豪族《ごうぞく》たちを従《したが》えていきました。それにともない、次第《しだい》に国《くに》としてのしくみができあがっていきました。

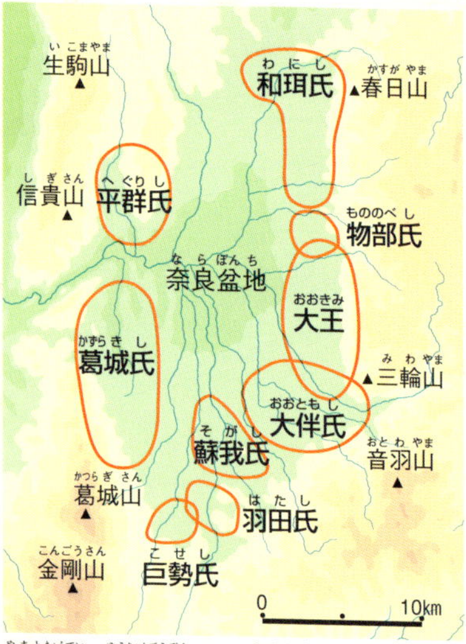
生駒山《いこまやま》
和珥氏《わにし》
春日山《かすがやま》
信貴山《しぎさん》
平群氏《へぐりし》
物部氏《もののべし》
奈良盆地《ならぼんち》
大王《おおきみ》
葛城氏《かずらきし》
三輪山《みわやま》
大伴氏《おおともし》
蘇我氏《そがし》
音羽山《おとわやま》
葛城山《かつらぎさん》
羽田氏《はたし》
金剛山《こんごうさん》
巨勢氏《こせし》
0 10km

大和朝廷《やまとちょうてい》の有力豪族《ゆうりょくごうぞく》たちの勢力《せいりょく》図《ず》
大和朝廷《やまとちょうてい》の中心《ちゅうしん》は大王《おおきみ》だったが、政権《せいけん》を支《ささ》える豪《ごう》族《ぞく》たちも大《おお》きな力《ちから》を持《も》っていた。とくに葛城《かずらき》氏《し》は、大王《おおきみ》と同《おな》じくらいの力《ちから》を持《も》っていたと考《かんが》える人《ひと》もいる（上図《うえず》の場所《ばしょ》は現在《げんざい》の奈良県《ならけん》）

③大《おお》きな墓《はか》をつくった権力者《けんりょくしゃ》たち

大王《おおきみ》や各地《かくち》の豪族《ごうぞく》たちは、土《つち》を高《たか》く盛《も》り上《あ》げた、大《おお》きな墓《はか》をつくるようになりました。これを古墳《こふん》といいます。その中《なか》でも特《とく》に巨大《きょだい》な古墳《こふん》は、近畿《きんき》地方《ちほう》に多《おお》く見《み》られます。

もともと日本《にほん》では、死《し》んだ人《ひと》は土《つち》を掘《ほ》って穴《あな》に埋《う》めていました。しかし弥生《やよい》時代《じだい》に、大陸《たいりく》から渡《わた》ってきた渡来人《とらいじん》の影響《えいきょう》を受《う》けたことで、いろいろなタイプの墓《はか》がつくられるようになりました。大《おお》きな墓《はか》も、弥生《やよい》時代《じだい》の終《お》わり頃《ごろ》からつくられました。

こうして古墳《こふん》づくりが盛《さか》んになった、3世紀《せいき》後半《こうはん》から7世紀末頃《せいきまつごろ》にかけての時代《じだい》を、古墳時代《こふんじだい》と呼《よ》んでいます。

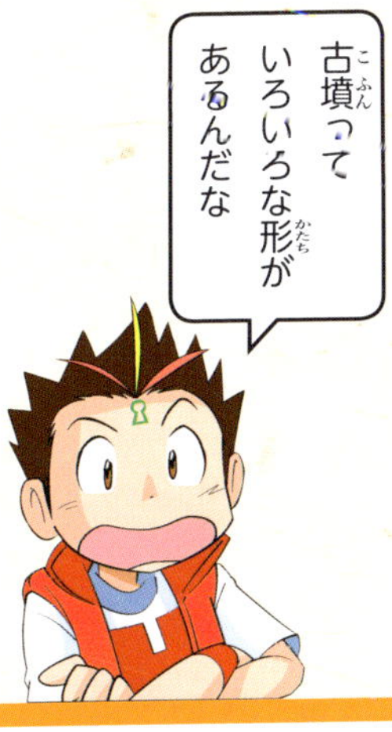
古墳《こふん》って
いろいろな形《かたち》が
あるんだな

もの知《し》りコラム

いろいろな形《かたち》の古墳《こふん》大集合《だいしゅうごう》！

日本《にほん》の古墳《こふん》の種類《しゅるい》は、東《ひがし》アジアの中《なか》でも特《とく》に多《おお》く、丸《まる》や四角《しかく》などいろいろな形《かたち》があります。これは日本《にほん》の古墳文化《こふんぶんか》の大《おお》きな特徴《とくちょう》のひとつです。

全国《ぜんこく》には20万《まん》以上《いじょう》の古墳《こふん》があり、東北地方《とうほくちほう》から九州地方《きゅうしゅうちほう》まで分布《ぶんぷ》しています。その約《やく》90％が円墳《えんぷん》といわれています。

それでは、日本《にほん》の各地《かくち》に残《のこ》る古墳《こふん》の代表的《だいひょうてき》な形《かたち》を、いくつか紹介《しょうかい》しましょう。

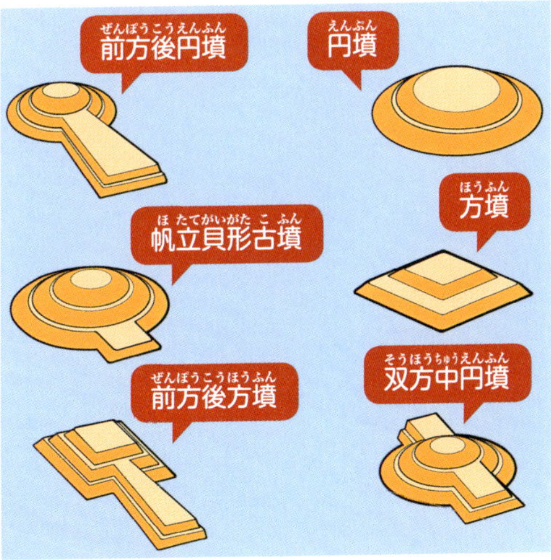
前方後円墳《ぜんぽうこうえんふん》
円墳《えんぷん》
方墳《ほうふん》
帆立貝形古墳《ほたてがいがたこふん》
双方中円墳《そうほうちゅうえんふん》
前方後方墳《ぜんぽうこうほうふん》

2章《しょう》
古墳《こふん》づくりの現場《げんば》を目指《めざ》せ!!

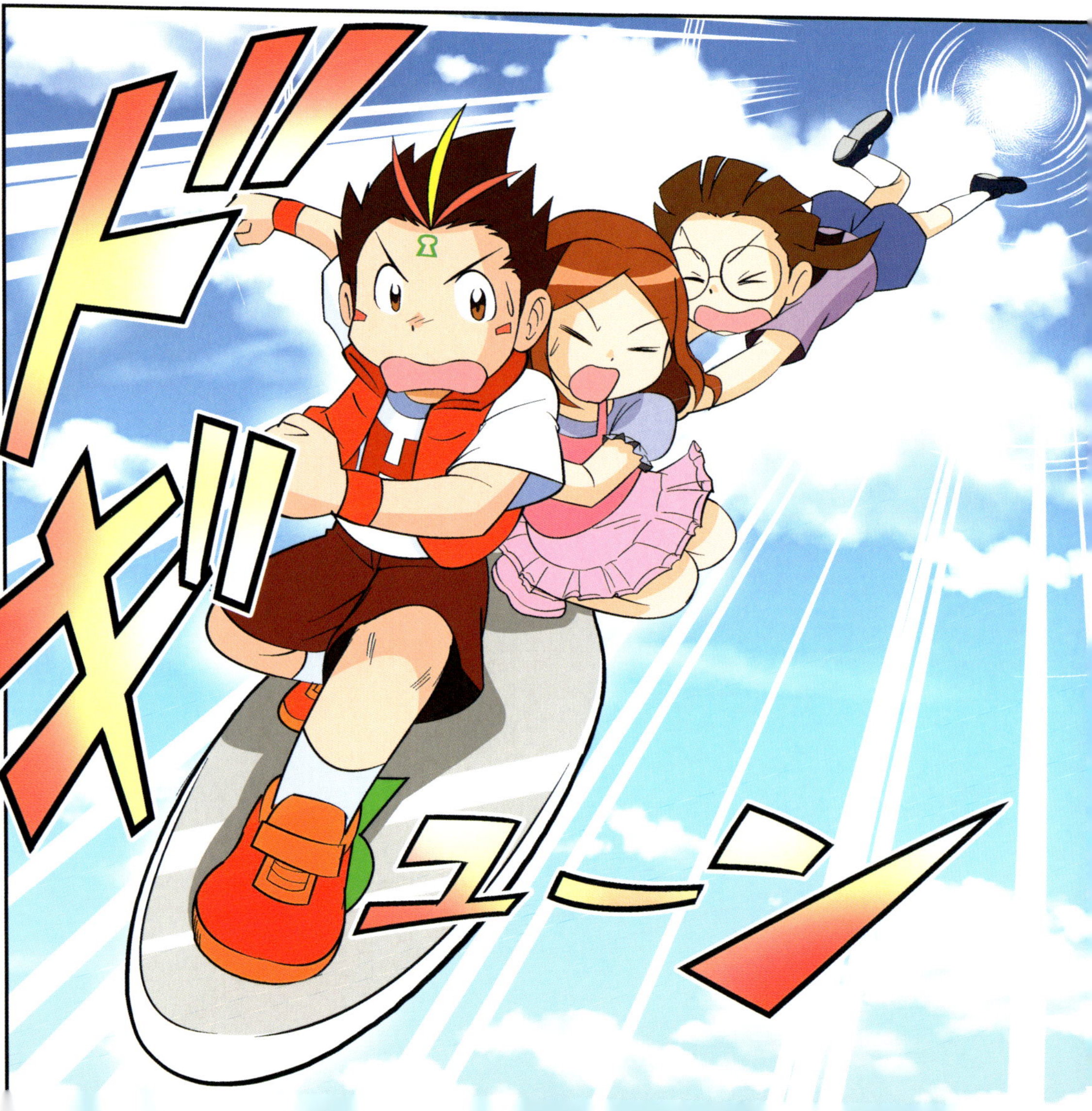

ギュウーン
きゃーー
ここどこー
海《うみ》の上《うえ》なのーー？
！
ねえ レオナ 見《み》て！
ん？
あっ！

こっこれは古墳《こふん》！
うわっ！ 急《きゅう》にひっぱるなよ！
グラ
グラ
あわわわ！
ヒュ
きゃ――――！

ザボッ
チャーーン
プハッ! まったく ムチャすんなよ!
ザザー
ふ――
ねねね キサキ さっきの見《み》た?
パタパタ
?

前方後円墳《ぜんぽうこうえんふん》よ！
博物館《はくぶつかん》で見《み》たのと同《おな》じ！この目《め》で本物《ほんもの》見《み》ちゃったわ!!
ゼンブダレカノフン？なんだそりゃ！
クサそうだな
ぜんぽうこうえんふん！
古墳時代《こふんじだい》につくられた巨大《きょだい》な古墳《こふん》の一種《いっしゅ》よ
前方後円墳《ぜんぽうこうえんふん》は古墳《こふん》の中《なか》でも特《とく》に大《おお》きいお墓《はか》なのよ！
古墳《こふん》にはこの時代《じだい》の権力者《けんりょくしゃ》が葬《ほうむ》られているの
権力者《けんりょくしゃ》は自分《じぶん》の力《ちから》を示《しめ》すためにより大《おお》きなお墓《はか》をつくったのよ！

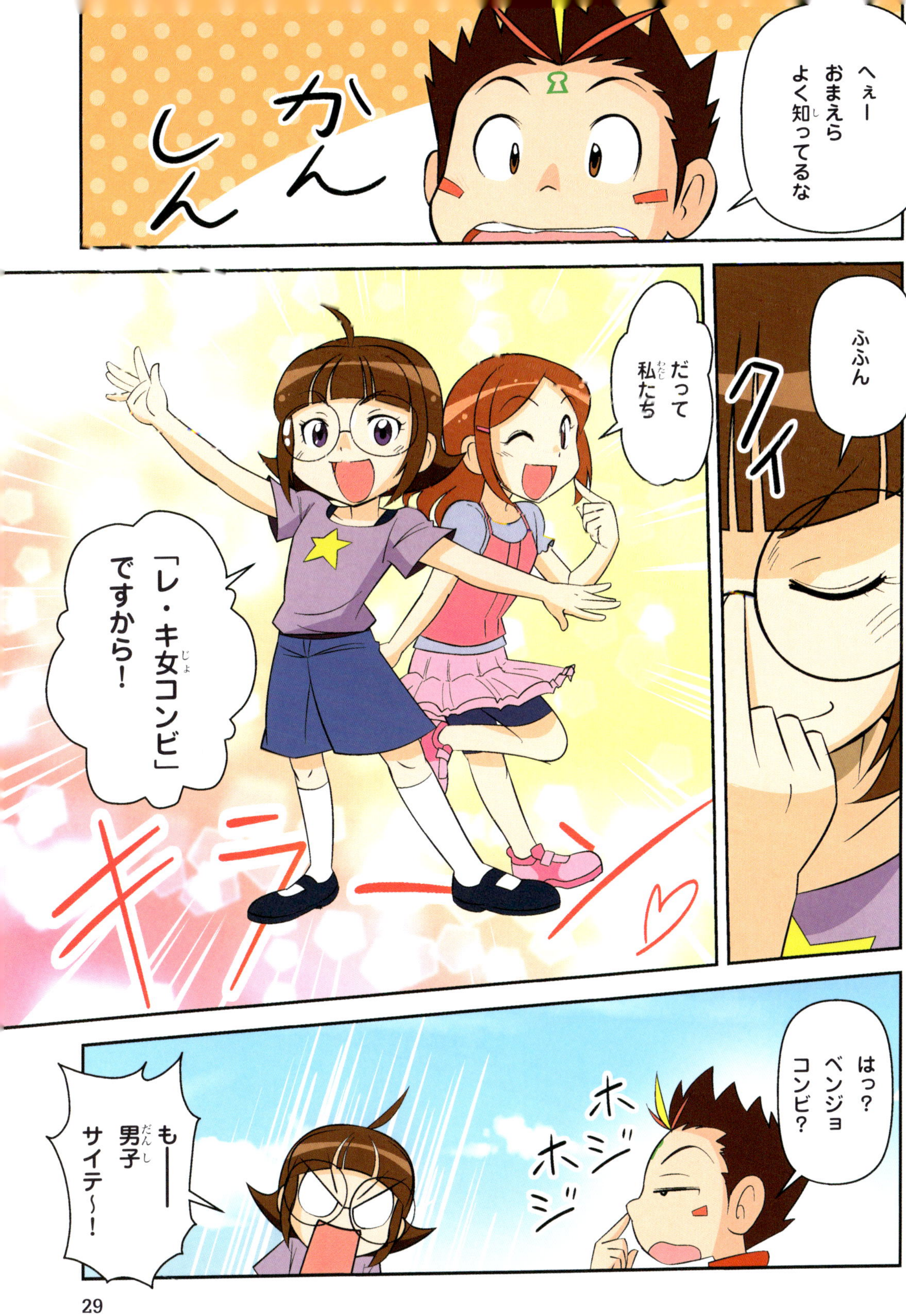
へぇー　おまえら　よく知《し》ってるな
かん
しん
ふふん
クイ
だって　私《わたし》たち
「レ・キ女《じょ》コンビ」ですから！
キラーン
はっ？　ベンジョ　コンビ？
ホジ
ホジ
もー　男子《だんし》　サイテ～！

*大王《おおきみ》=後《のち》の天皇《てんのう》

ふぉっふぉっふぉっ!
今日《きょう》も元気《げんき》じゃおならがクサイ
プッ
プッ
プッ
ヤカン
?
なっなんだこのバアさん
おまえたち
ジロ
何者《なにもの》じゃ?
けったいな服装《ふくそう》してからにどこから来《き》たんじゃ?
ええっと……と遠《とお》いところからよ
おばあさんはこのムラの人《ひと》なんですか?

わしは
あの大《おお》きな陵《みささぎ》の
近《ちか》くにある
ムラのもんじゃ
陵《みささぎ》って……?
たしか
天皇《てんのう》とかのお墓《はか》のことよ
あの～…私《わたし》たち
あの陵《みささぎ》をつくっている
ところを見《み》たいんです
一緒《いっしょ》に行《い》っても
いいですか?
ニヤリ
あいたたたっ
連《つ》れていって
やってもいいが
わしゃ腰《こし》がいたくて
歩《ある》けんの――!
ヨロ
ヨロ
はあ～?
さっき
元気《げんき》だって
言《い》ってた
じゃんか
ピョーン

やかましいわ
ほれ
さっさと
歩《ある》かんか!
ドサ
ええええええ?
なんだよそれー
ほれ
行《い》くぞい!
ひぃ〜〜〜〜
それにしても
にぎやかなところね
オオサザキの
大王様《おおきみさま》のおかげ
じゃ
オオサザキ?
オオサザキって
もしかして……
ピピッ

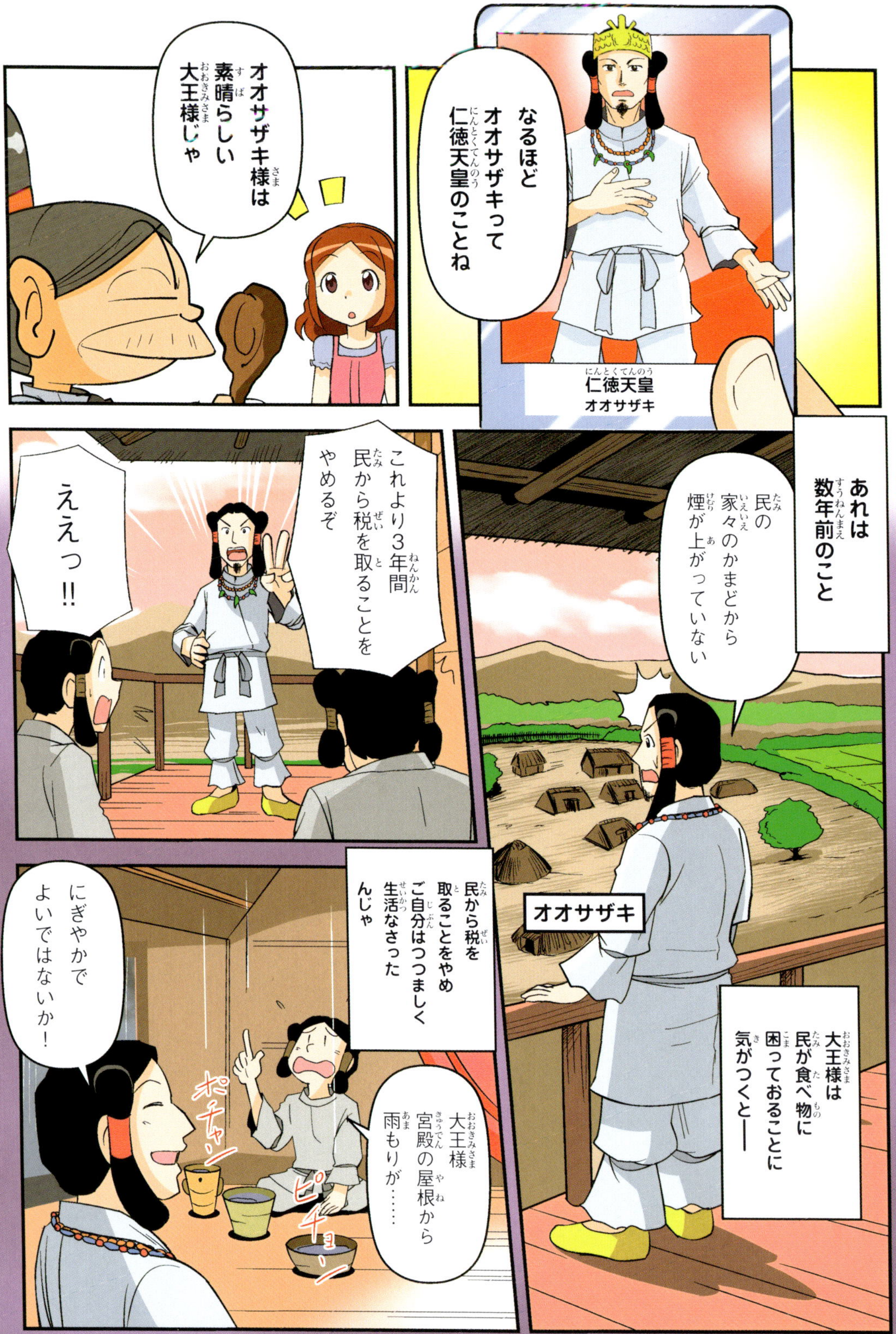
仁徳天皇《にんとくてんのう》
オオサザキ
なるほど オオサザキって 仁徳天皇《にんとくてんのう》のことね
オオサザキ様《さま》は 素晴《すば》らしい 大王様《おおきみさま》じゃ
あれは 数年前《すうねんまえ》のこと
民《たみ》の 家々《いえいえ》のかまどから 煙《けむり》が上《あ》がっていない
オオサザキ
大王様《おおきみさま》は 民《たみ》が食《た》べ物《もの》に 困《こま》っておることに 気《き》がつくと――
これより3年間《ねんかん》 民《たみ》から税《ぜい》を取《と》ることを やめるぞ
ええっ!!
民《たみ》から税《ぜい》を 取《と》ることをやめ ご自分《じぶん》はつつましく 生活《せいかつ》なさった んじゃ
大王様《おおきみさま》 宮殿《きゅうでん》の屋根《やね》から 雨《あま》もりが……
ポチャン
ピチョン
にぎやかで よいではないか!

オオサザキ様《さま》のおかげで貧《まず》しい生活《せいかつ》から立《た》ち直《なお》ることができたわね
毎日《まいにち》ご飯《はん》が食《た》べられるありがたやありがたや
わしらはオオサザキ様《さま》に救《すく》われたのじゃ
うっうっ
オオサザキ様《さま》ってすっげーいいやつだなー！
ドバー
うわっ！
おい今度《こんど》の陵《みささぎ》は今《いま》までになくデカイそうだぞ
オオサザキ様《さま》の陵《みささぎ》だ当然《とうぜん》だぜ！
ザッ
ザッ

よぉぉおし がんばって 働《はたら》かないとな
ザッ ザッ
あの人《ひと》たち 陵《みささぎ》づくりを 手伝《てつだ》いにいくのね
民《たみ》はみな オオサザキ様《さま》を慕《した》って おるからのぉ 少《すこ》しでもお役《やく》に立《た》ちたい と思《おも》っているのじゃ
んっ？ てことは あの人《ひと》たちに ついていけば その陵《みささぎ》に行《い》ける ってこと？
ぱっ！
なーんだ じゃあ このバアさん いらないじゃん
ガバッ
こりゃーー

か弱《よわ》い年寄《としよ》りをこんな原《はら》っぱにおいていく気《き》かとっとと歩《ある》け！
いててわっわかったよー
まって〜！
ガサ……
見《み》たか？あいつらが空飛《そらと》ぶ鉄《てつ》の板《いた》で空中《くうちゅう》から降《お》りてきたのを
はい私《わたし》もこの目《め》で見《み》ました
素晴《すば》らしい……
アンナクニの役人《やくにん》・クササミ
あの鉄《てつ》の板《いた》……絶対《ぜったい》手《て》に入《い》れるのじゃわい！

前方後円墳《ぜんぽうこうえんふん》は誰《だれ》の墓《はか》？

① 前方後円墳《ぜんぽうこうえんふん》は権力者《けんりょくしゃ》の墓《はか》

大和朝廷《やまとちょうてい》の大王《おおきみ》は、自分《じぶん》の権力《けんりょく》を示《しめ》すため、大《おお》きな前方後円墳《ぜんぽうこうえんふん》（↓23ページ）をつくるようになりました。前方後円墳《ぜんぽうこうえんふん》は、円《えん》と四角《しかく》を組《く》み合《あ》わせた形《かたち》の墓《はか》で、真上《まうえ》から見《み》ると鍵穴《かぎあな》のように見《み》えます。この形《かたち》は日本《にほん》独自《どくじ》のもので、なぜこのような形《かたち》ができたのかは、まだわかっていません。

日本《にほん》で一番大《いちばんおお》きな前方後円墳《ぜんぽうこうえんふん》は、大阪府堺市《おおさかふさかいし》にある大仙陵古墳《だいせんりょうこふん》（↓39ページ）です。全長約《ぜんちょうやく》486m、四角《しかく》い部分《ぶぶん》の丘《おか》は高《たか》さ約《やく》33m、丸《まる》い部分《ぶぶん》の丘《おか》は高《たか》さ約《やく》35mもある巨大古墳《きょだいこふん》で、世界最大級《せかいさいだいきゅう》の墳墓《ふんぼ》といわれています。

前方後円墳《ぜんぽうこうえんふん》って
四角《しかく》いほうが前《まえ》
ってことなんだよ

もの知《し》りコラム

世界《せかい》にもある大《おお》きな墓《はか》

大仙陵古墳《だいせんりょうこふん》と並《なら》ぶ、世界最大級《せかいさいだいきゅう》の墳墓《ふんぼ》として有名《ゆうめい》なのが、エジプトにあるピラミッドと、中国《ちゅうごく》にある秦《しん》の始皇帝陵《しこうていりょう》です。どちらの墓《はか》も、当時《とうじ》の強大《きょうだい》な権力者《けんりょくしゃ》が自分《じぶん》の権力《けんりょく》を示《しめ》すためにつくったものといわれています。

3つの墓《はか》を比較《ひかく》すると、全長《ぜんちょう》で一番大《いちばんおお》きいのは、大仙陵《だいせんりょう》古墳《こふん》になります。

←古代《こだい》エジプトの王《おう》
クフ王《おう》のピラミッド
大《おお》きさ：一辺《いっぺん》230 m
高《たか》さ：147 m（完成時《かんせいじ》）
今《いま》から約《やく》4550年前《ねんまえ》につくられた、四角錐《しかくすい》の形《かたち》をした墓《はか》。平均《へいきん》2.5トンもある大《おお》きな石《いし》が、約《やく》230万個《まんこ》積《つ》み上《あ》げられている。エジプト・ギザの三《さん》大《だい》ピラミッドのひとつ

中国初《ちゅうごくはつ》の皇帝《こうてい》
秦《しん》の始皇帝陵《しこうていりょう》↘
大《おお》きさ：東西《とうざい》345 m×南北《なんぼく》350 m　高《たか》さ：76 m
今《いま》から約《やく》2200年前《ねんまえ》につくられた、広大《こうだい》な丘《おか》のような墓《はか》。墓《はか》のそばから、副葬品《ふくそうひん》として納《おさ》められた実物大《じつぶつだい》の兵士《へいし》や馬《うま》の人形《にんぎょう》（兵馬俑《へいばよう》）が約《やく》8千体《せんたい》見《み》つかっている

大仙陵古墳《だいせんりょうこふん》

写真：朝日新聞社

② 大仙陵古墳《だいせんりょうこふん》は誰《だれ》の墓《はか》？

天皇《てんのう》の墓《はか》とされている古墳《こふん》は、江戸時代後期《えどじだいこうき》から明治時代《めいじじだい》に、古《ふる》い文献《ぶんけん》などをもとに確定《かくてい》されました。現在《げんざい》は、天皇《てんのう》の墓《はか》を管理《かんり》している宮内庁《くないちょう》が管理《かんり》しています。

日本一大《にほんいちおお》きな前方後円墳《ぜんぽうこうえんふん》は、宮内庁《くないちょう》が仁徳天皇《にんとくてんのう》の墓《はか》だと指定《してい》しているため、「仁徳天皇陵《にんとくてんのうりょう》」と呼《よ》ばれていました。ところが、墓《はか》がつくられた時期《じき》が仁徳天皇《にんとくてんのう》の活躍《かつやく》していたとされる時期《じき》と合《あ》わないことや、決定《けってい》的《てき》な証拠《しょうこ》が見《み》つかっていないことなどから、本当《ほんとう》に仁徳《にんとく》天皇《てんのう》の墓《はか》なのか疑問視《ぎもんし》されるようになりました。

現代《げんだい》の科学技術《かがくぎじゅつ》を使《つか》って墓《はか》の中《なか》を調《しら》べれば、もしかしたら、誰《だれ》の墓《はか》なのかがわかる決定的《けっていてき》な証拠《しょうこ》が見《み》つかるかもしれません。でも、大仙陵古墳《だいせんりょうこふん》を含《ふく》め各地《かくち》に残《のこ》されている天皇《てんのう》の墓《はか》は立《た》ち入《い》りが禁止《きんし》されているため、中《なか》を調《しら》べられる機会《きかい》が少《すく》なく、疑問《ぎもん》は解決《かいけつ》できないままになっているのです。現在《げんざい》「仁徳天皇陵《にんとくてんのうりょう》」は、古墳《こふん》がある地名《ちめい》にちなんで、「大仙陵古墳《だいせんりょうこふん》（大仙古墳《だいせんこふん》、大《だい》山古墳《せんこふん》とも）」と呼《よ》ばれることが多《おお》くなっています。

3章《しょう》

埴輪《はにわ》の代《か》わりに生《い》き埋《う》め!?

若《わか》いくせにこれくらいで音《ね》を上《あ》げててどーする！
プクー
く……くおおこのババア
ピーン！
！
どうしたの？ホセ
誰《だれ》かがオレたちを見《み》てる！
えええ？
ガサ…
そこだ～！
!?

はにわ〜〜〜！
は……
埴輪《はにわ》……？
……なにしてんだよナルル
トン
はあ——！

パカ
デへへー
やっぱりバレたか～
さすがホセ兄《にい》ちゃん!
へへ あったりめーだろ
先《さき》に着《つ》いてたのか 無事《ぶじ》で よかったな
アーサは?
うん こっちだよー
誰《だれ》? この子《こ》
弟《おとうと》の ナルルだよ! オレたち兄弟《きょうだい》3人《にん》で 旅行《りょこう》してるんだ!
デデデ

おーい
ホセー
アーサ
無事《ぶじ》だったか?
へへへ
見《み》て見《み》てー
アートでしょ?
ウフ♥
すっげー
さすが
アーサ
天才《てんさい》!!
ウソ…もしかして
ホセのお兄《にい》さん?
超《ちょう》イケメン♥

私《わたし》
キサキっていいます
よろしくアーサ♥
シュッ
？
よ よろしく
ピョン
ドザッ
うわっ
なっ
ドッ
なにしてんのよ
バアさん
降《お》りなさいよ！
やかましい
この小娘《こむすめ》！
あ〜あ…
へーーえ
ここって
埴輪《はにわ》をつくる
工房《こうぼう》なのね
キョロ キョロ

なんだ？ そのハニとかワニとかって
ふふ
埴輪《はにわ》は古墳《こふん》の範囲《はんい》を示《しめ》すために古墳《こふん》の周《まわ》りに並《なら》べられたりお葬式《そうしき》のようすを表《あらわ》すために古墳《こふん》に置《お》かれたのよ
円筒埴輪《えんとうはにわ》に形象埴輪《けいしょうはにわ》といって人物《じんぶつ》や動物《どうぶつ》の形《かたち》などいろいろなタイプがあるのよ
この埴輪《はにわ》カッケー
パッカ
パッカ
カッケー
人《ひと》の説明《せつめい》ちゃんと聞《き》きなさいよったく男子《だんし》ってバカね

パチッ
パチッ
あのー
これはなんですか⁇
ん？
ああ
これは
登《のぼ》り窯《がま》って
いうのさ
斜面《しゃめん》に細長《ほそなが》い穴《あな》のような窯《かま》を
つくって
その穴《あな》の中《なか》に
つくった埴輪《はにわ》を入《い》れ
穴《あな》の下側《したがわ》（入《い》り口《ぐち》）から
火《ひ》をたいて焼《や》くんだよ
上《うえ》のほうに
穴《あな》をあけているから
煙《けむり》はそこから
出《で》ていくんだよ
へぇー
埴輪《はにわ》って
こうやって
つくられていたのねー
ガサ…
ニシシ

例《れい》の鉄《てつ》の板《いた》は あいつの腰《こし》につけている 袋《ふくろ》の中《なか》のようじゃな
はい
ニシシシシ
ようし あいつらが 埴輪《はにわ》に気《き》を取《と》られている すきに奪《うば》うのじゃわい!
わーい お相撲《すもう》さんの 埴輪《はにわ》だぞ
ガーン
ガン
はっけよーい のこった のこった!
わー
ちょっと あんたたち こわしたら どーするのよ!?
あっ
ガ
あ〜

うわああ
あああ――
ガッシャアン
こらー――
なにやってんだ
おまえら!!
ダダダダ
こっ
こりゃ
ひでえ
ご
ごめんなさい
わざとじゃ……
いや これは
謝《あやま》ってすむ
問題《もんだい》じゃ
ねえなー
えっ?
おまえら
埴輪《はにわ》の代《か》わりに
生《い》き埋《う》めだ!

いっ……
生《い》き埋《う》めー？
そっそんな
たかがつくりものの
人形《にんぎょう》をこわした
くらいで……！
埴輪《はにわ》ができる前《まえ》は
墓《はか》の主《あるじ》と一緒《いっしょ》に
人間《にんげん》を埋《う》めていた
ものなんだ！
大切《たいせつ》な埴輪《はにわ》を
こわしたのだ
代《か》わりに生《い》き埋《う》めに
してくれる
ぞおおおおお〜
生《い》き埋《う》めは
苦《くる》しいぞおおお

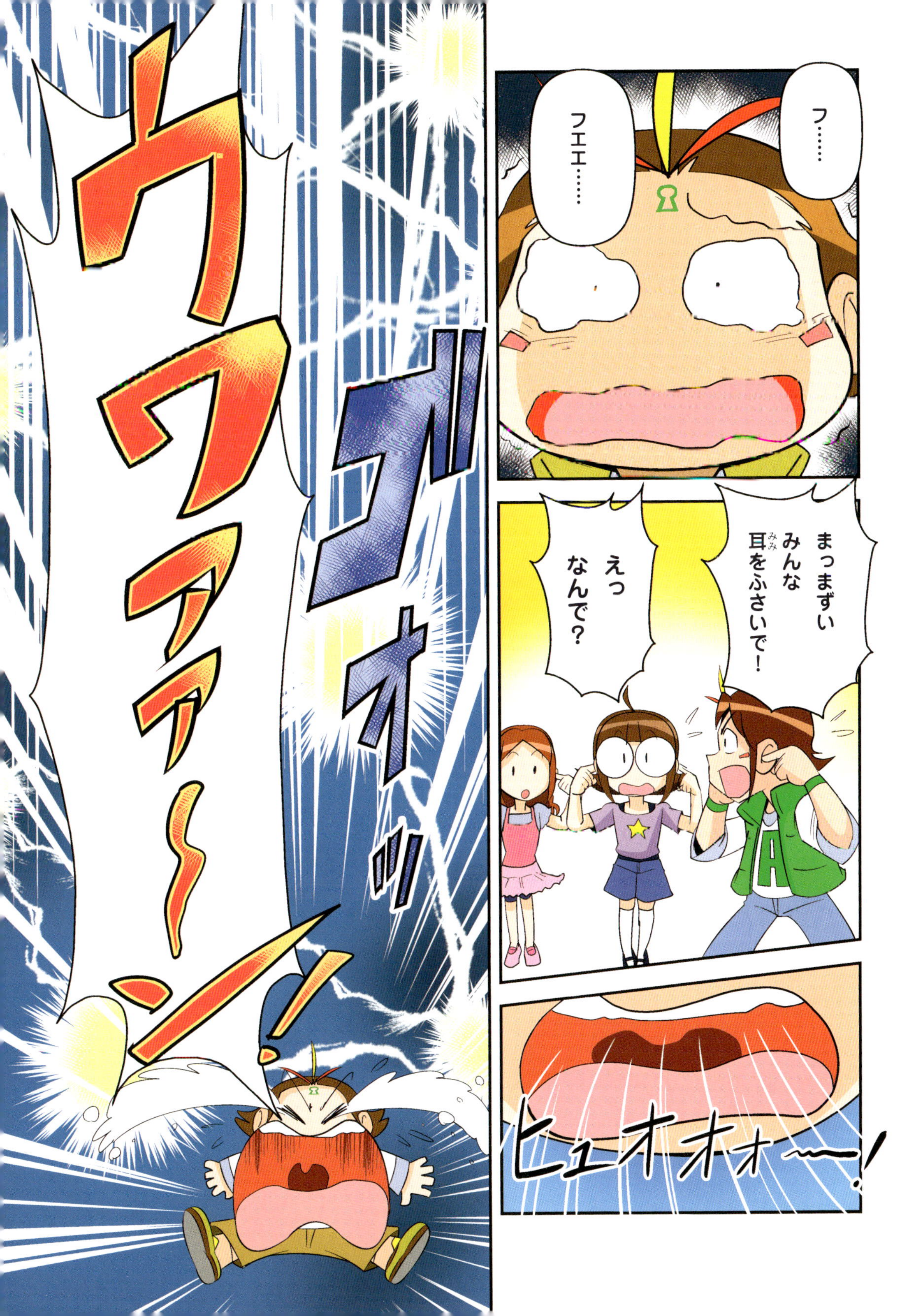
フ……
フエエ……
まっまずい
みんな
耳《みみ》をふさいで!
えっ
なんで?
ヒュオオオォ〜〜!
ゴオオッ
ウワァァァ〜〜ン!

TIME WARP memo
歴史なるほどメモ③

埴輪の役割って何？

① 埴輪は墓の番人？

古墳の上や周りには、埴輪と呼ばれる、粘土を焼いた製品がたくさん置かれていました。埴輪には、筒形をした円筒埴輪と、人物や家など様々な形をした形象埴輪の大きく2種類があります。円筒埴輪は、弥生時代からあった、亡くなった人へのお供え物を置く土器が変化したものといわれています。また、古墳を囲むように並べられていたため、古墳を神聖な場所として区別する役割や、人が侵入するのを防ぐ役割があったと考えられています。

形象埴輪は、限られた場所に置かれていました。この埴輪の役割については、「亡くなった人が生きていた頃の生活を再現した」「葬式の様子を再現した」など様々な説があります。

『日本書紀』という古い歴史書には、偉い人物が亡くなり墓に葬る時、けらいを一緒に生き埋めにしていたが、それではけらいがかわいそうなので、代わりに土でつくった人や馬を墓に立てたのが埴輪の始まりだと書かれています。しかしこの話は、最近は事実ではないとされています。

埴輪のつくり方

① 粘土をこねる

② ひも状の粘土を積み上げたりして形をつくる

③ 表面をきれいにならし、穴をあけるなど形を整える

④ 1カ月くらい日陰で干して、粘土に含まれる水分を抜く

⑤ 粘土が乾いたら、焼き窯で焼く

⑥ 完成！

埴輪って人物の形だけじゃないんだね

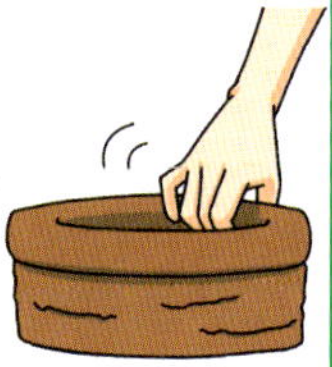

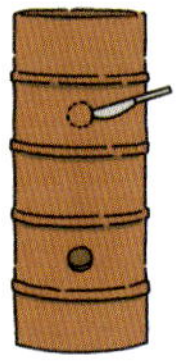

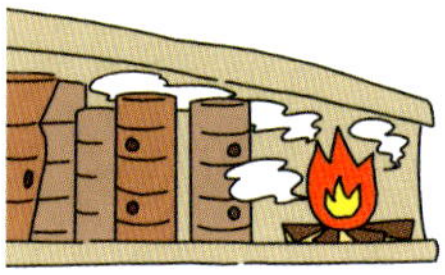

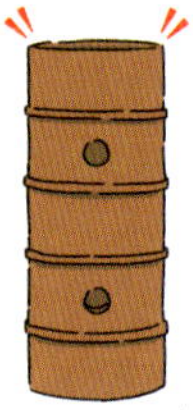

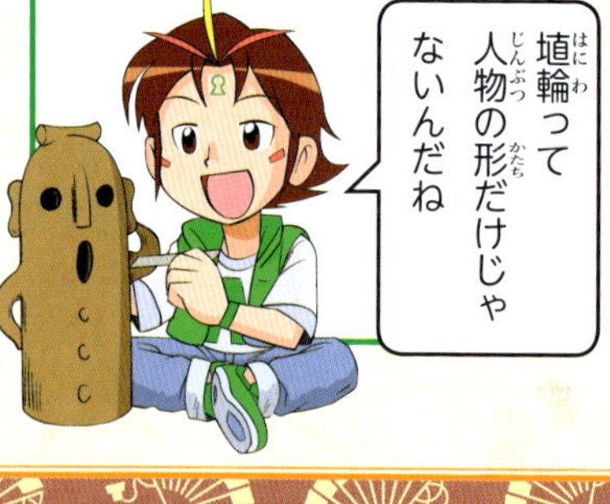

もの知《し》りコラム

発掘《はっくつ》された埴輪《はにわ》たち

古墳時代《こふんじだい》の半《なか》ば頃《ごろ》、朝鮮半島《ちょうせんはんとう》から来《き》た渡来人《とらいじん》によって、かまどで高温《こうおん》で土器《どき》を焼《や》く技術《ぎじゅつ》が伝《つた》わりました。その技術《ぎじゅつ》が、埴輪《はにわ》づくりにも使《つか》われました。

各地《かくち》に残《のこ》されている古墳《こふん》からは、様々《さまざま》な形《かたち》の埴輪《はにわ》が見《み》つかっています。その中《なか》の一部《いちぶ》を紹介《しょうかい》しましょう。

埴輪《はにわ》の穴《あな》はなぜあるの？

多《おお》くの埴輪《はにわ》には、「透《す》かし孔《あな》」と呼《よ》ばれるいくつかの穴《あな》があります。もともとは、弥生時代《やよいじだい》の後半《こうはん》につくられた土器《どき》に、模様《もよう》の一部《いちぶ》として穴《あな》が開《あ》けられていました。それが、埴輪《はにわ》にも取《と》り入《い》れられたのです。また、埴輪《はにわ》がしっかり焼《や》けるという効果《こうか》もあったようです。

円筒埴輪《えんとうはにわ》

円筒埴輪《えんとうはにわ》は、大小様々《だいしょうさまざま》な大《おお》きさのものがたくさんつくられ、古墳《こふん》に並《なら》べられました

円筒埴輪《えんとうはにわ》
中央《ちゅうおう》の埴輪《はにわ》は高《たか》さ76cm×幅《はば》38cm

形象埴輪《けいしょうはにわ》

形象埴輪《けいしょうはにわ》は、人物《じんぶつ》、動物《どうぶつ》、器材《きざい》（道具《どうぐ》）、家形《いえがた》の４種《しゅ》類《るい》に分《わ》けられます

埴輪女子頭部《はにわじょしとうぶ》
長《なが》い髪《かみ》の毛《け》を前後《ぜんご》で折《お》って束《たば》ねている様子《ようす》から、巫女《みこ》のような女性《じょせい》と考《かんが》えられている。高《たか》さ19.4cm

馬形埴輪《うまがたはにわ》 頭部《とうぶ》
T字形《ティーじがた》のたてがみのある馬形埴輪《うまがたはにわ》。馬装用《ばそうよう》の金具《かなぐ》などが形《かたち》づくられている。長《なが》さ31cm

囲形埴輪《かこいがたはにわ》・家形埴輪《いえがたはにわ》
現在《げんざい》の神社建築《じんじゃけんちく》につながる特徴《とくちょう》のある屋根《やね》が表現《ひょうげん》されている。家形埴輪《いえがたはにわ》の高《たか》さ44.8cm×幅《はば》28.8cm×奥行《おくゆ》き36.8cm

写真：すべて宮内庁書陵部蔵

4章《しょう》 かわいそうな 逃亡者《とうぼうしゃ》

おのれええ もう少《すこ》し じゃったのに
パラパラ
う〜〜
見《み》とれ 絶対《ぜったい》 手《て》に入《い》れて みせるのじゃわい!
はあはあ
ここまで くれば 大丈夫《だいじょうぶ》だろ
びっくりしたー なによ 今《いま》の!
ナルルの泣《な》き声《ごえ》には すごい破壊力《はかいりょく》が あるんだよ
いつもは 迷惑《めいわく》な特技《とくぎ》だけど 今回《こんかい》は 役《やく》に立《た》ったな
なでなで
へっへっへー
ホント助《たす》かったわ あやうく 生《い》き埋《う》めにされちゃう ところだった
ふぉっふぉっ よかったのぉ
ここまで来《く》れば わしらのムラまで もうちょっとじゃ

ザッ
おお 着《つ》いたぞ！ ここが わしらのムラじゃ！

おお〜!
へぇ〜 いろいろな仕事《しごと》をしてるムラなのね
あれって鍛冶屋《かじや》さん?
カン カン
うむ 鉄《てつ》の農具《のうぐ》をつくっとる
鉄《てつ》はすごいものじゃ……

鉄《てつ》はわしらの生活《せいかつ》をとても豊《ゆた》かにしてくれた……
鉄《てつ》の農具《のうぐ》のおかげでコメづくりもはかどりたくさん収穫《しゅうかく》できるようになったんじゃ
ふうん 鉄《てつ》ってそんなに大事《だいじ》なんだな
じゃ わしはここで
スタスタ
ギュー
ちょっと いいかげんに アーサから はなれなさいよ
いてててはなさんかこの小娘《こむすめ》!
おばあちゃーん! やっと帰《かえ》ってきたのね 待《ま》ってたのよ!
ちっ 孫娘《まごむすめ》か…… お遊《あそ》びもここまでじゃな……
ピュー
スタッ

じゃあな アーサ わしが恋《こい》しくなったら いつでもここに 来《く》るのじゃぞ
ポッ♡
恋《こい》しくなんか なるか!
おっと それから…… ひとつ 忠告《ちゅうこく》しておこう
おまえたち 妙《みょう》な鉄《てつ》の板《いた》に 乗《の》って やってきたな……
えっ 見《み》てたの?
わしだけじゃない ほかにも男《おとこ》が 見《み》ておった
えっ? ど どんな 人《ひと》?
身《み》なりは えらそうじゃったが 知《し》らん顔《かお》じゃ
その男《おとこ》 おまえらの板《いた》を 狙《ねら》っている ようじゃぞ…… 気《き》をつけろ
キャーー
えええええ サイアク! 私《わたし》たち 狙《ねら》われてるのー?

大丈夫《だいじょうぶ》だよ そんなやつら オレたちが やっつけてやる
なに 調子《ちょうし》いいこと 言《い》ってるのよ!
ザッ ザッ
意外《いがい》に 歩《ある》くわねえ まだ先《さき》なのかしら
ねえ あんたたち
クルッ
シャーー!
わーい おしっこの ぶつけあいだー
おーすげー おしっこで 虹《にじ》ができたぞー
わーきれい!
あっはっはっは!

まったく……ホントにアホナ3兄弟《きょうだい》ね！
あたまいたい…
あらなにか光《ひか》ってるわ
ガサ…
！
ハヤブサワケの妻《つま》・メトリノヒメミコ
お…女《おんな》の人《ひと》…けがしてる？
キサキどうしたの？

ザン
ひいっ
きさまら
なにやつ!?
オオサザキの弟《おとうと》・
ハヤブサワケ
ハヤブサワケ様《さま》
子《こ》どものようです
手荒《てあら》なことは！
だが
追《お》っ手《て》のしかけた
罠《わな》かもしれん

うっ　いた！
ズキッ
やっぱり　あの人《ひと》　けがしてる……
ボクに任《まか》せて！
ス…
アーサ！
サササ
シュッ
シュ
ポ
ン！
ぴっ
よし　これでOK《オーケイ》

こっこれは……
なんと
みごとな手《て》当《あ》てだ
ニコ
さすがアーサー！
なにやらせても
器用《きよう》だよな！
あ…ありがとう……
今《いま》追《お》っ手《て》って
言《い》ってたけど
ふたりは誰《だれ》かから
逃《に》げているの？
ああ…それは……

じつは兄上《あにうえ》から……オオサザキから逃《に》げているんだ
えぇっオオサザキ様《さま》!?
オオサザキ様《さま》ってあのすっげーいい人《ひと》だろう? 民《たみ》を飢《う》えから救《すく》ったっていう……
そうよ! あの仁徳天皇《にんとくてんのう》よ!
それが…なんでこんなことに?
わたしが…兄上《あにうえ》を殺《ころ》し大王《おおきみ》の座《ざ》を奪《うば》おうとしているといううわさが流《なが》れたのだ……
ええええええ!

これは…まったくの誤解《ごかい》なんです！大王様《おおきみさま》のおそばにいるけらいがウソの情報《じょうほう》を伝《つた》えているのです
しかし……兄上《あにうえ》はその話《はなし》を信《しん》じわたしに兵《へい》を向《む》けられた……
そんな……弟《おとうと》を殺《ころ》すだなんて……
ゴク
ギュ〜
そっその誤解《ごかい》をとく方法《ほうほう》はないの？
しっかり説明《せつめい》すれば……
無駄《むだ》だ！大王《おおきみ》が一度《いちど》出《だ》した命令《めいれい》を変《か》えることはできない

それに……
この時代《じだい》……大王《おおきみ》の座《ざ》を争《あらそ》って家族《かぞく》が殺《ころ》し合《あ》うなども珍《めずら》しいことではないからな……
そんなひどい話《はなし》……
ひどい？いや 決《けっ》してそういうことではない
兄上《あにうえ》はきっと民《たみ》を思《おも》っての決断《けつだん》だったのだ
どういうこと？

わたしを大王《おおきみ》の弟《おとうと》として慕《した》ってくれる民《たみ》もたくさんいる
だが一方《いっぽう》でけらいたちの中《なか》にはわたしが野心《やしん》を持《も》ち大王《おおきみ》の座《ざ》を狙《ねら》っていると考《かんが》える者《もの》もいるのだ
このまま放《ほう》っておけばわたしに不満《ふまん》を持《も》つ者《もの》たちの敵意《てきい》が膨《ふく》れ上《あ》がり国《くに》が乱《みだ》れる原因《げんいん》になるかもしれない……
兄上《あにうえ》はかしこいお方《かた》だ国《くに》が乱《みだ》れる原因《げんいん》は取《と》り除《のぞ》かねばならないそう考《かんが》えたのだろう
で でもでも国《くに》が乱《みだ》れるからって弟《おとうと》を殺《ころ》すなんてありえないよ!
兄上《あにうえ》は……オオサザキの大王《おおきみ》は
民《たみ》のために尽《つ》くすお方《かた》だ!
かつて兄上《あにうえ》はわたしに語《かた》ってくださった……

ハヤブサワケよ 国《くに》の平穏《へいおん》は リーダーである大王《おおきみ》が 周囲《しゅうい》の豪族《ごうぞく》たちを まとめることで保《たも》たれる
国《くに》が乱《みだ》れれば 苦《くる》しむのは民《たみ》だ 大王《おおきみ》は 民《たみ》を幸《しあわ》せに導《みちび》くのが 役目《やくめ》
民《たみ》の幸《しあわ》せのためなら 惜《お》しむものなど あるはずもない
兄上《あにうえ》とは そういう お方《かた》なのだ……
あっ！ あそこに いるぞ～～！

古墳《こふん》時代《じだい》のヒーロー・仁徳天皇《にんとくてんのう》

① 民《たみ》を愛《あい》し、民《たみ》から愛《あい》された大王《おおきみ》

大和朝廷《やまとちょうてい》の大王《おおきみ》の中《なか》で最《もっと》も有名《ゆうめい》なのが、初代《しょだい》の神武天皇《じんむてんのう》から数《かぞ》えて16代目《だいめ》にあたるオオサザキ（仁徳天皇《にんとくてんのう》）です。

仁徳天皇《にんとくてんのう》は、幼《おさな》い頃《ころ》から頭《あたま》がいい少年《しょうねん》だったと伝《つた》えられています。大人《おとな》になると、心《こころ》が広《ひろ》く聡明《そうめい》な大王《おおきみ》となりました。仁徳天皇《にんとくてんのう》の政治《せいじ》は、常《つね》に民《たみ》のためを考《かんが》えたものでした。日本《にほん》の古《ふる》い歴史書《れきししょ》の＊『記紀《きき》』には、マンガで紹介《しょうかい》した、かまどでご飯《はん》を炊《た》けないほどの貧《まず》しさに苦《くる》しむ民《たみ》のために、3年間税《ねんかんぜい》を免除《めんじょ》した話《はなし》が記《しる》されています。そんな仁徳天皇《にんとくてんのう》を、民《たみ》はとても慕《した》っていたそうで、天皇《てんのう》がボロボロになった宮殿《きゅうでん》を新築《しんちく》するときには、みんな進《すす》んで働《はたら》いたとも書《か》かれています。

＊『記紀《きき》』＝『古事記《こじき》』と『日本書紀《にほんしょき》』

民《たみ》のために
尽《つ》くしたから
民《たみ》に愛《あい》された
のね

② 土木工事《どぼくこうじ》で暮《く》らしを豊《ゆた》かにする

また『記紀《きき》』には、仁徳天皇《にんとくてんのう》は民《たみ》のために多《おお》くの土木工事《どぼくこうじ》を行《おこな》ったとも記《しる》されています。

仁徳天皇《にんとくてんのう》の時代《じだい》、都《みやこ》があった地域《ちいき》ではよく川《かわ》がはんらんするので、人々《ひとびと》は困《こま》っていました。そこで仁徳天皇《にんとくてんのう》は、田畑《たはた》の用水路《ようすいろ》をつくったり、川《かわ》に堤防《ていぼう》や橋《はし》をつくったりして、民《たみ》の暮《く》らしが豊《ゆた》かになるよう力《ちから》を尽《つ》くしたそうです。

仁徳天皇《にんとくてんのう》の土木工事《どぼくこうじ》

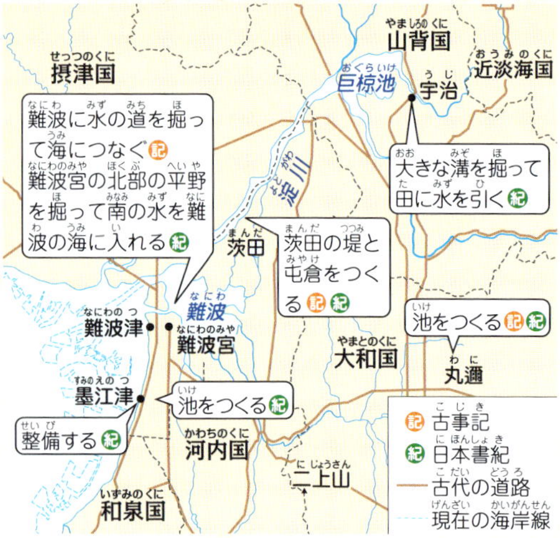
山背国《やましろのくに》
近淡海国《おうみのくに》
摂津国《せっつのくに》
巨椋池《おぐらいけ》
宇治《うじ》
淀川《よどがわ》
難波《なにわ》に水《みず》の道《みち》を掘《ほ》って海《うみ》につなぐ 記
難波宮《なにわのみや》の北部《ほくぶ》の平野《へいや》を掘《ほ》って南《みなみ》の水《みず》を難波《なに》の海《うみ》に入《い》れる 紀
大《おお》きな溝《みぞ》を掘《ほ》って田《た》に水《みず》を引《ひ》く 紀
茨田《まんだ》
茨田《まんだ》の堤《つつみ》と屯倉《みやけ》をつくる 記 紀
難波《なにわ》
難波津《なにわのつ》
難波宮《なにわのみや》
池《いけ》をつくる 記 紀
大和国《やまとのくに》
丸邇《わに》
墨江津《すみのえのつ》
池《いけ》をつくる 紀
整備《せいび》する 紀
河内国《かわちのくに》
二上山《にじょうさん》
和泉国《いずみのくに》
記 古事記《こじき》
紀 日本書紀《にほんしょき》
古代《こだい》の道路《どうろ》
現在《げんざい》の海岸線《かいがんせん》

もの知りコラム

仁徳天皇《にんとくてんのう》のひいおじいさん

日本神話《にほんしんわ》の英雄《えいゆう》ヤマトタケル

『記紀《きき》』には、日本列島《にほんれっとう》がどのようにしてできたかや、神々《かみがみ》がどのようにして誕生《たんじょう》したのかなどの神話物語《しんわものがたり》や、飛鳥時代《あすかじだい》のある時期《じき》までの日本《にほん》の歴史《れきし》が記《しる》されています。そこには、日本《にほん》の歴史《れきし》の中《なか》で活躍《かつやく》するたくさんの英雄《えいゆう》が登場《とうじょう》します。その中《なか》で1、2の人気《にんき》を争《あらそ》うのが、仁徳天皇《にんとくてんのう》のひいおじいさんのヤマトタケルです。

ヤマトタケルは、大和朝廷《やまとちょうてい》の12代目《だいめ》の大王《おおきみ》・景行天皇《けいこうてんのう》の皇子《おうじ》です。とても勇敢《ゆうかん》で、武力《ぶりょく》に優《すぐ》れていたそうで、たくさんの武《ぶ》勇伝《ゆうでん》を残《のこ》しています。

◆◆◆

ある時《とき》景行天皇《けいこうてんのう》は、大和朝廷《やまとちょうてい》の勢力《せいりょく》を拡大《かくだい》するため、政権《せいけん》に従《したが》わない人々《ひとびと》や神《かみ》を討伐《とうばつ》するよう、ヤマトタケルに命《めい》じます。命令《めいれい》を受《う》けたヤマトタケルは、東北地方《とうほくちほう》や中国地方《ちゅうごくちほう》、九州地方《きゅうしゅうちほう》に出《で》かけていき、各地《かくち》の敵対《てきたい》する人々《ひとびと》と戦《たたか》って勝利《しょうり》を収《おさ》めました。

◆◆◆

大和朝廷《やまとちょうてい》のために各地方《かくちほう》に出向《でむ》いたヤマトタケルは、戦《たたか》いを続《つづ》けながら、故郷《こきょう》の大和《やまと》に帰《かえ》れる日《ひ》を待《ま》ち望《のぞ》んでいました。しかし、帰《かえ》る途中《とちゅう》で病《やまい》に倒《たお》れ、故郷《こきょう》を思《おも》いながら亡《な》くなってしまいました。彼《かれ》の死後《しご》、その魂《たましい》は白鳥《はくちょう》になって、飛《と》んでいったと伝《つた》えられています。そんな「悲劇《ひげき》の英雄《えいゆう》」として描《えが》かれているところも、人気《にんき》の理由《りゆう》なのかもしれません。

ヤマトタケル

国立国会図書館蔵

『記紀《きき》』に記《しる》されたヤマトタケル伝説《でんせつ》

伝説《でんせつ》その①
九州地方《きゅうしゅうちほう》の南部《なんぶ》を支配《しはい》するクマソタケル兄弟《きょうだい》の討伐《とうばつ》に行《い》った時《とき》、ヤマトタケルは女装《じょそう》して敵《てき》に近《ちか》づき、たくさんの酒《さけ》を飲《の》ませ、敵《てき》が酔《よ》って油断《ゆだん》したすきをついて倒《たお》した。

伝説《でんせつ》その②
出雲地方《いずもちほう》へ、イズモタケル討伐《とうばつ》に行《い》った時《とき》、イズモタケルに近《ちか》づいて友《とも》だちになると、彼《かれ》をだまして用意《ようい》しておいた自分《じぶん》の木剣《ぼっけん》を彼《かれ》の鉄剣《てっけん》と取《と》り換《か》えて戦《たたか》い、勝利《しょうり》した。

伝説《でんせつ》その③
東北地方《とうほくちほう》に住《す》むエミシと呼《よ》ばれる人々《ひとびと》を討伐《とうばつ》しに出《で》かけた時《とき》、敵《てき》が放《はな》った火《ひ》に囲《かこ》まれて大《だい》ピンチに。草薙剣《くさなぎのつるぎ》で周囲《しゅうい》の草《くさ》を薙《な》ぎ払《はら》い、「向《む》かい火《び》」という消火《しょうか》方法《ほうほう》でピンチを脱《だっ》した。

5章《しょう》 大王《おおきみ》の弟《おとうと》を助《たす》けろ！

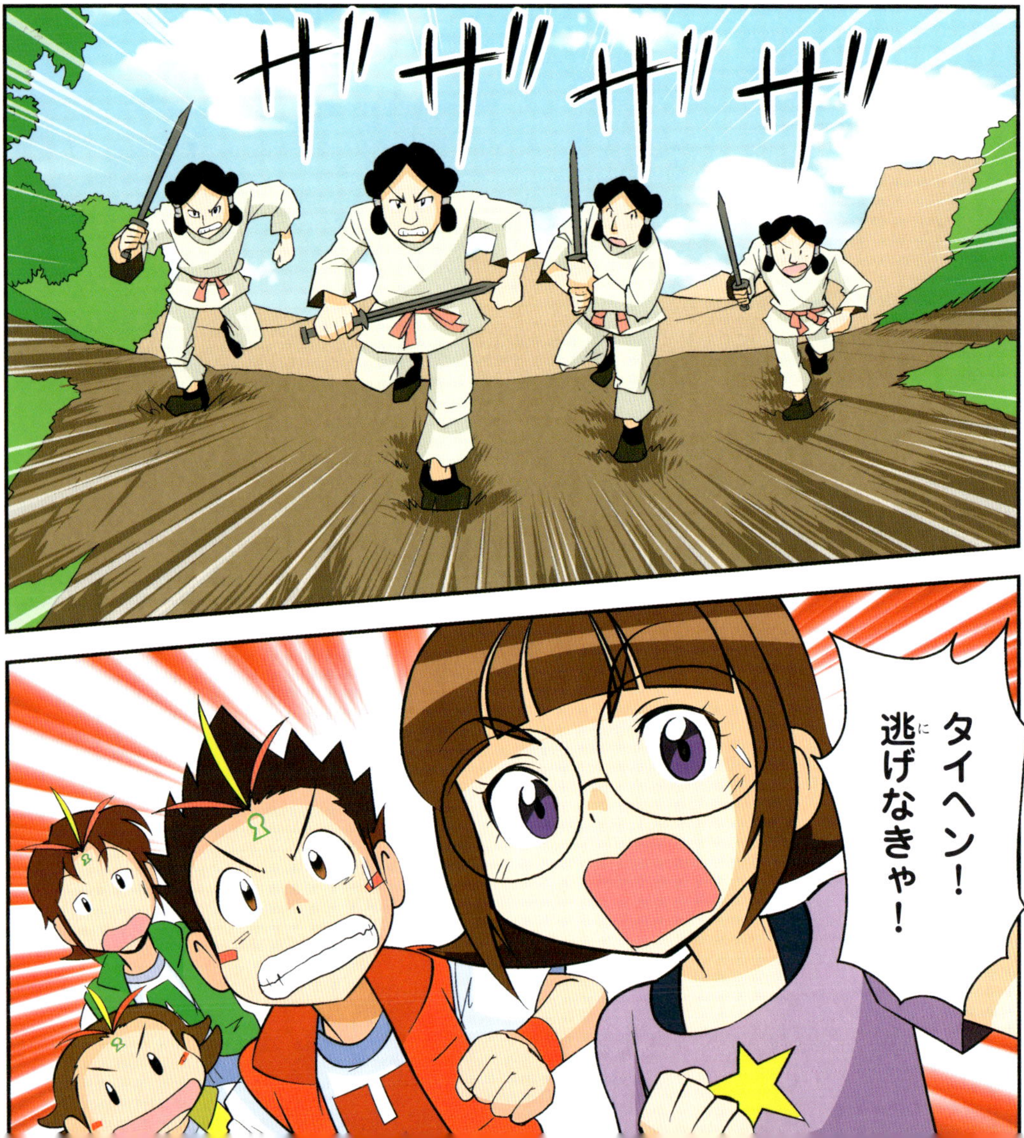

ズキッ
あっ!
メトリ!?
ふたりとも
ここはオレたちが
なんとかするから
早《はや》く逃《に》げろ!
バッ
いっ いや
しかし
いいから
早《はや》く!

あんたのお兄《にい》ちゃん……もし あんたたちを殺《ころ》したら きっと後悔《こうかい》するよ！
いつか必《かなら》ず 仲直《なかなお》りできる！
だから その時《とき》まで 逃《に》げて 命《いのち》を守《まも》らなきゃ！
！
バッ
オレたち3兄弟《きょうだい》が 力《ちから》を合《あ》わせて がんばるから 安心《あんしん》して逃《に》げなよ！

ふわぁ……
……すまない
無理《むり》はしないで
くれよ
ザッザッ
グッ
!

カッ
ツ
どわぁ！
ビックリした
ぬおおおおお！
ピキピキ
よくも
おどかしたな
もう怒《おこ》ったぞおおお！
ガッ
ブン

ガッ
ン
ワー
ヒュウウー
ダダダダ
わあああああ
ナルル
いくぞ！
うん！

ビーン！
グシャ
ドシャ
どわあ！
それ───！

ポカ
えい！
やあ！
ポカ
ひいいいい
退却《たいきゃく》だああ！
やったー
やっつけたぞ～！

ふん
オレ様《さま》を
なめるなよ!
ホセ
オレ様《さま》じゃなくて
オレたちでしょ!
あっ
おう!
そうだな
あのふたり……
無事《ぶじ》に
逃《に》げられたかなぁ
大丈夫《だいじょうぶ》よ
きっと
ザッ
ザッ
ザッ
そんなことより
さぁ……

オレたち迷子《まいご》になった〜!
戦《たたか》ってるうちにバアさんから教《おし》えてもらった道《みち》を見失《みうしな》っちゃったー
あーもーわめかないでよよけい疲《つか》れるから!
おなかすいたよ〜!
この時代《じだい》にスマホとか持《も》っててもなんの意味《いみ》もないわね……
そうねー
はっ! そうだ思《おも》い出《だ》したぞ
えっなになに?

グシャ！
オレずっとうんこガマンしてたんだった〜！
そういうのはだまって行《い》けー
レオナ……まあまあ
でも困《こま》ったわねこのままじゃらちが明《あ》かないわ
とにかく休憩《きゅうけい》しようよ休《やす》めばなにかいいアイデアが浮《う》かぶかも

そうね♥
アーサがいうなら
そうする――♥
シュ、
ザ…
くくく
やっと
見《み》つけたじゃわい……
さっきは
してやられたが
今度《こんど》こそ奪《うば》って
やるじゃわい！
ちょうどいい
あの赤《あか》い服《ふく》の小僧《こぞう》……
ひとりでしげみの中《なか》に
行《い》ったじゃわい
あいつを
捕《つか》まえて
あの鉄《てつ》の板《いた》を……

おまえたち
音《おと》をたてないように
あいつの
そばに近《ちか》づくんだ
はっ
はい!
ススス…
そ～～…
よしよし
気《き》づいてないいな
くくく
今《いま》だ!
いっせいに……
スー～
ぐおっ?
モワワ～
なっなんだ
このにおいはあああ!
くっ くさい!
というより
これは
毒《どく》ガスだあああ!

あーーー
スッキリした！
今日《きょう》もビッグなうんこで気分爽快《きぶんそうかい》！
バタバタ
んっ？ なんか音《おと》がしたか？
んっ？
あれ？ みんなはどこ行《い》った？
キョロキョロ
ホセ助《たす》けてー

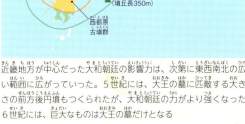

大和朝廷《やまとちょうてい》を支《ささ》えた豪族《ごうぞく》たち

① 大王《おおきみ》に従《したが》った権力者《けんりょくしゃ》たち

各地《かくち》の豪族《ごうぞく》たちは、「氏《うじ》」と呼《よ》ばれる血縁関係《けつえんかんけい》を中《ちゅう》心《しん》にした集団《しゅうだん》をつくっていました。氏《うじ》は、それぞれのリーダーのもとでまとまり、政権内《せいけんない》の仕事《しごと》を分担《ぶんたん》していました。

大王《おおきみ》は、中央《ちゅうおう》の有力《ゆうりょく》な豪族《ごうぞく》たちに、政権内《せいけんない》での地《ち》位《い》や職業《しょくぎょう》を示《しめ》す「臣《おみ》」や「連《むらじ》」といった「姓《かばね》」を与《あた》えることで、彼《かれ》らを従《したが》えました。

また、各地方《かくちほう》の有力《ゆうりょく》な豪族《ごうぞく》たちを「国造《くにのみやつこ》」に任命《にんめい》し、それぞれの地域《ちいき》を治《おさ》めさせました。

このような大和朝廷《やまとちょうてい》の政治《せいじ》や社会《しゃかい》のしくみを「氏姓《しせい》制度《せいど》」といいます。

大和朝廷《やまとちょうてい》には
身分《みぶん》を示《しめ》す制度《せいど》が
あったのじゃわい

② 前方後円墳《ぜんぽうこうえんふん》は許《ゆる》された者《もの》だけがつくれる

大和朝廷《やまとちょうてい》の大王《おおきみ》を象徴《しょうちょう》する巨大《きょだい》な前方後円墳《ぜんぽうこうえんふん》は、当時最高級《とうじさいこうきゅう》の古墳《こふん》とされていました。大王《おおきみ》は、大和《やまと》朝廷《ちょうてい》の支配下《しはいか》にあった各地域《かくちいき》の豪族《ごうぞく》たちに、自分《じぶん》と同《おな》じ形《かたち》の古墳《こふん》をつくることを許《ゆる》し、政権《せいけん》とのつながりを示《しめ》しました。他地域《たちいき》の豪族《ごうぞく》が許《ゆる》された前方後円墳《ぜんぽうこうえんふん》は、大王《おおきみ》の古墳《こふん》より小《ちい》さいものが多《おお》かったようです。

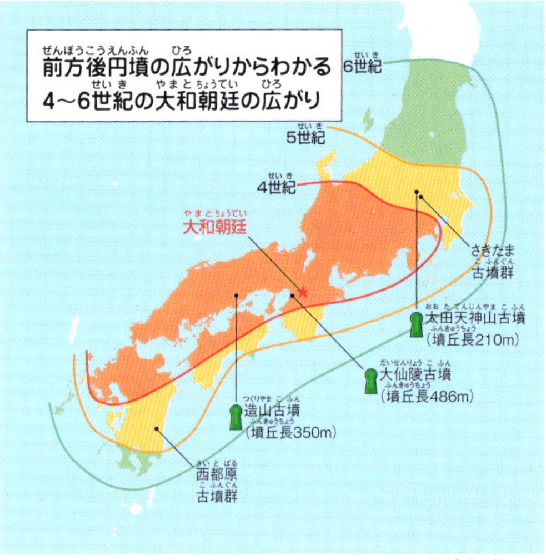
前方後円墳《ぜんぽうこうえんふん》の広《ひろ》がりからわかる
4～6世紀《せいき》の大和朝廷《やまとちょうてい》の広《ひろ》がり
6世紀《せいき》
5世紀《せいき》
4世紀《せいき》
大和朝廷《やまとちょうてい》
さきたま
古墳群《こふんぐん》
太田天神山古墳《おおたてんじんやまこふん》
(墳丘長《ふんきゅうちょう》210m)
大仙陵古墳《だいせんりょうこふん》
(墳丘長《ふんきゅうちょう》486m)
造山古墳《つくりやまこふん》
(墳丘長《ふんきゅうちょう》350m)
西都原《さいとばる》
古墳群《こふんぐん》

近畿地方《きんきちほう》が中心《ちゅうしん》だった大和朝廷《やまとちょうてい》の影響力《えいきょうりょく》は、次第《しだい》に東西南北《とうざいなんぼく》の広《ひろ》い範囲《はんい》に広《ひろ》がっていった。5世紀《せいき》には、大王《おおきみ》の墓《はか》に匹敵《ひってき》する大《おお》きさの前方後円墳《ぜんぽうこうえんふん》もつくられたが、大和朝廷《やまとちょうてい》の力《ちから》がより強《つよ》くなった6世紀《せいき》には、巨大《きょだい》なものは大王《おおきみ》の墓《はか》だけとなる

③朝鮮半島《ちょうせんはんとう》の国々《くにぐに》や中国《ちゅうごく》と交流《こうりゅう》

朝鮮《ちょうせん》や中国《ちゅうごく》の記録《きろく》には、弥生《やよい》、古墳時代《ふんじだい》の頃《ころ》の倭《わ》(日本《にほん》)が朝鮮半島《ちょうせんはんとう》の国々《くにぐに》や中国《ちゅうごく》と交流《こうりゅう》を持《も》っていたことが記《しる》されています。

4世紀頃《せいきごろ》からは、日本《にほん》は朝鮮半島《ちょうせんはんとう》の国々《くにぐに》との交流《こうりゅう》で、土器《どき》や農具《のうぐ》づくりなどの様々《さまざま》な技術《ぎじゅつ》や、当時《とうじ》の最先端《さいせんたん》の素材《そざい》である「鉄《てつ》」などを輸入《ゆにゅう》していました。

5世紀頃《せいきごろ》の中国《ちゅうごく》の歴史書《れきししょ》によると、日本《にほん》の大王《おおきみ》は中《ちゅう》国《ごく》の皇帝《こうてい》にたびたび使《つか》いを送《おく》っていたようです。当時《とうじ》の東《ひがし》アジアの中《なか》で、中国《ちゅうごく》は強大《きょうだい》な力《ちから》を持《も》つ大国《たいこく》でした。大王《おおきみ》は、自分《じぶん》が正式《せいしき》な日本《にほん》のリーダー(倭《わ》の王《おう》)だということと、朝鮮半島《ちょうせんはんとう》での軍事的《ぐんじてき》な影響力《えいきょうりょく》を中国《ちゅうごく》の皇帝《こうてい》に認《みと》めてもらうために、使《つか》いを送《おく》ったと考《かんが》えられています。

5世紀《せいき》の東《ひがし》アジア

もの知りコラム

倭《わ》の五王《ごおう》って誰《だれ》?

『宋書《そうじょ》』などの中国《ちゅうごく》の歴史書《れきししょ》によると、5世紀《せいき》の中国南部《ちゅうごくなんぶ》にあった宋《そう》などに、5人《にん》の倭《わ》の王《おう》が使者《ししゃ》を送《おく》ったと記《しる》されています。その倭《わ》の王《おう》たちは、「讃《さん》(賛《さん》)、珍《ちん》(彌《み》)、済《せい》、興《こう》、武《ぶ》」と書《か》かれていて、みんな実在《じつざい》した天皇《しんのう》だと考《かんが》えられています。ただ、日本側《にほんがわ》の記録《きろく》にあるどの天皇《てんのう》とも条《じょう》件《けん》が一致《いっち》しないため、5人《にん》の倭《わ》の王《おう》とは誰《だれ》なのか、まだはっきりとはわかっていません。

倭《わ》の五王《ごおう》と天皇《てんのう》の対応説《たいおうせつ》

倭《わ》の五王《ごおう》			対応《たいおう》する天皇《てんのう》
①	讃《さん》(賛《さん》)	→	応神天皇《おうじんてんのう》か仁徳天皇《にんとくてんのう》か履中天皇《りちゅうてんのう》?
②	珍《ちん》(彌《み》)	→	仁徳天皇《にんとくてんのう》か反正天皇《はんぜいてんのう》?
③	済《せい》	→	允恭天皇《いんぎょうてんのう》?
④	興《こう》	→	安康天皇《あんこうてんのう》?
⑤	武《ぶ》	→	雄略天皇《ゆうりゃくてんのう》?

▲倭《わ》の五王《ごおう》の名前《なまえ》は、①と②は歴史書《れきししょ》により違《ちが》っている。「武《ぶ》」については、時代《じだい》が一致《いっち》するなどの理由《りゆう》から、雄略天皇《ゆうりゃくてんのう》という説《せつ》が有力《ゆうりょく》

6章《しょう》 クササミに捕《つか》まった!!

みんな
石《いし》を並《なら》べるのが
上手《じょうず》だな～！
あそこで
鬼《おに》ごっこしたら
面白《おもしろ》そうだね
鬼《おに》ごっこしたい
したーい！
あんたたち～
この状態《じょうたい》で
よくそんな
のんきな話《はなし》
してられるわね！
こらっ
さっさと歩《ある》け！
っていうか……
人《ひと》が
うんこしてるうちに
あっさり
捕《つか》まりやがって！
あんただって
そのあと
捕《つか》まっちゃった
でしょ
うわあーー

すごーい
見張《みは》り台《だい》ね
おーい
そのガキどもを
こっちに連《つ》れてこい！
ザッ
ザッ
連《つ》れてきました
お捜《さが》ししていたのは
こいつらですか？
クササミ様《さま》
うむ！
バン！

まったく手《て》こずらせおって……
きさまたちのおかげでこのとおりじゃわい
ボロ…
誰《だれ》？このおっさん
うーん見《み》たことも食《た》べたこともない
そっちになくてもこっちにはあるんじゃわーい！
わしは食《た》べ物《もの》じゃないわい！
わしの名《な》はクササミ！大王様《おおきみさま》に従《したが》うアンナクニのえらーい役人《やくにん》じゃわい！
フーン！

アホナクニのクサソウ様《さま》だってさ
たしかにアホでくさそうね！
誰《だれ》がアホでくさそうじゃわい！
…でそのお役人《やくにん》さんがここでなにをしているの？
大王様《おおきみさま》の陵《みささぎ》を見学《けんがく》にきたのじゃわい わがアンナクニでも同《おな》じ形《かた》の墓《はか》をつくるためにな
なーんだマネかー
マネって言《い》うな！
誰《だれ》もがこれと同《おな》じ形《かたち》の墓《はか》をつくれるわけではない！
ここ大和朝廷《やまとちょうてい》の大王様《おおきみさま》は今《いま》周囲《しゅうい》の権力者《けんりょくしゃ》を次々《つぎつぎ》と支配下《しはいか》に置《お》いておる
大王様《おおきみさま》に従《したが》うクニの権力者《けんりょくしゃ》だけが同《おな》じ形《かた》のこの大《おお》きな墓《はか》をつくれるのじゃわい

ちなみにわがクニもそのひとつじゃわい
ふーん……この形《かたち》の墓《はか》は大王《おおきみ》とのつながりを示《しめ》す証《あかし》しっていうことなのね！
へー
ところで……
おまえたちの身柄《みがら》はわしがあずかる！ついてくるのじゃわい！
グイ
えっ なに？私《わたし》たちどこに連《つ》れていかれるの？
グイ！
おまえたちに大事《だいじ》な用《よう》がある
牢屋《ろうや》に入《い》れてからじっくりと調《しら》べてやるのじゃわい！
ニヤ
ざわわ～～
えええええ――

ギィィィ
ドサッ
ぐわっ!
いってーな
なにすんだよ!
おっさん
どうして
私《わたし》たちが
牢屋《ろうや》なんかに
入《い》れられるのよ!?
わしは
見《み》たのだ
?
なっ
なにをよ!
ふむ
そろそろ
教《おし》えてやるじゃわい

おまえたちが鉄《てつ》の板《いた》に乗《の》って空中《くうちゅう》に突然《とつぜん》現《あらわ》れたところをじゃわい！
ボン！
！
もしかしてあのおばあさんが言《い》ってたバルボードを狙《ねら》っている男《おとこ》って……
今《いま》 鉄《てつ》はどのクニの王《おう》も欲《ほ》しがるお宝《たから》だ
わがアンナクニが大和朝廷《やまとちょうてい》の支配下《しはいか》に入《はい》ったのも鉄《てつ》を分《わ》けてもらえるからだ
クルッ
その貴重《きちょう》な鉄《てつ》を……
ククク…
しかも空《そら》を飛《と》べる鉄《てつ》を手《て》に入《い》れたとなればわがクニの王《おう》は大和朝廷《やまとちょうてい》を牛耳《ぎゅうじ》る大王《おおきみ》にもなれる……

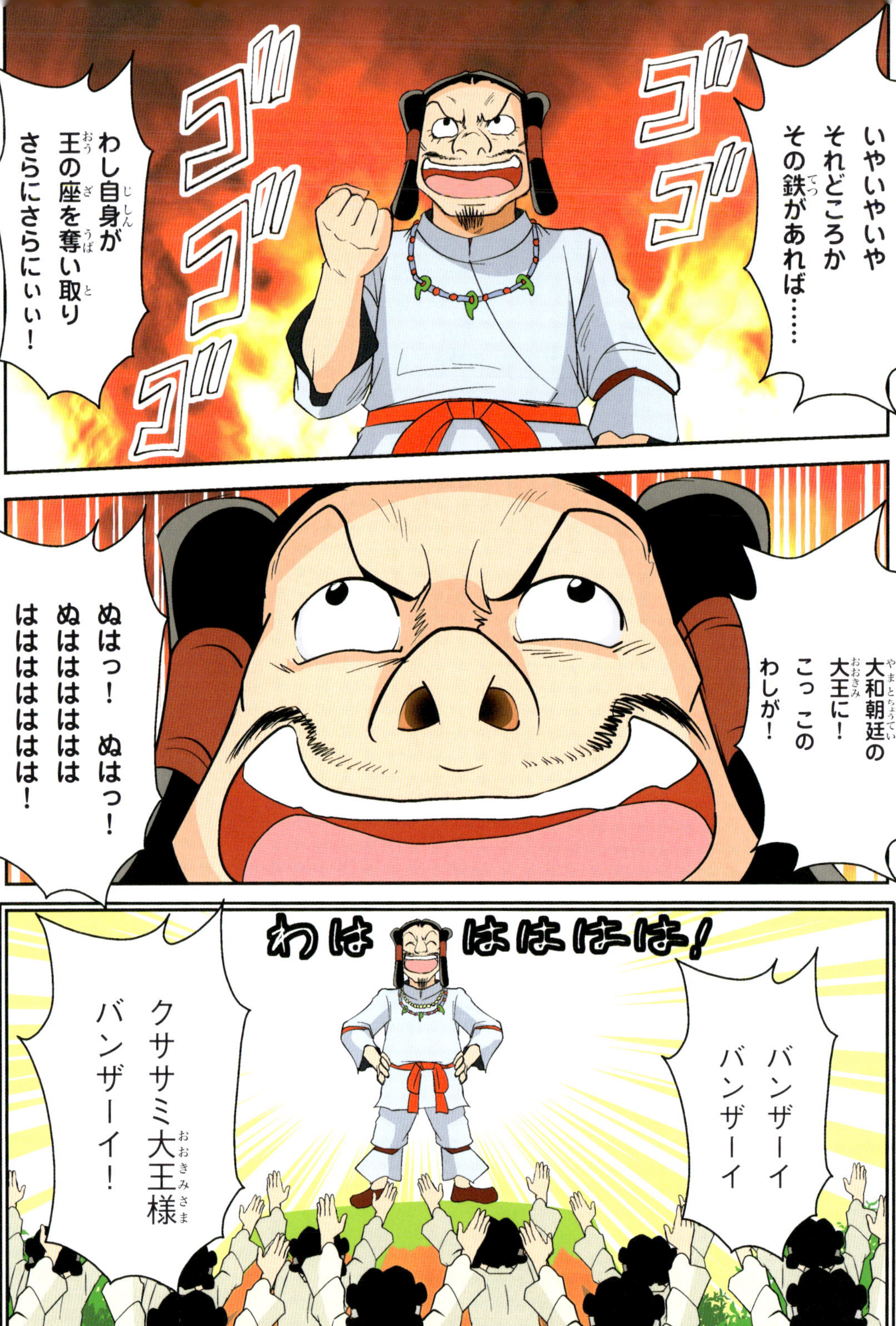

ゴゴゴゴゴ
いやいやいや
それどころか
その鉄《てつ》があれば……
わし自身《じしん》が
王《おう》の座《ざ》を奪《うば》い取《と》り
さらにさらにぃぃ！
大和朝廷《やまとちょうてい》の
大王《おおきみ》に！
こっ　この
わしが！
ぬはっ！　ぬはっ！
ぬはははははは
はははははは！
わは　ははははは！
バンザーイ
バンザーイ
クササミ大王様《おおきみさま》
バンザーイ！

あっきれた～
なんて野心《やしん》の強《つよ》い
おじさんなの？
こんなやつに
絶対《ぜったい》
わたしちゃダメよ
ホセ！
おう
あったりまえだぜ！
いんや
絶対《ぜったい》
奪《うば》い取《と》る！
この
腰《こし》の袋《ぶくろ》の中《なか》に
あるのじゃろう
さあ
わしに
よこすの
じゃわい！
わ

ガブリ
ギャー
はなせはなせ!
ブン
ブン
いて———!
今《いま》だ!
グワ

ガ ン ！！
グワッ
バタ！！
よしっ
逃《に》げるぞ
みんな！
おっ
ま 待《ま》ってよ！
ロープで
しばられてて
からだが……
パラ
あ……
あら？
うふふ
すきを見《み》て
ほどけやすく
しといたよ
さすが
アーサ！
ダダダダダ

やった！
外《そと》だぜ！
バッ
ギロ！
あら？

あ～ やっぱりな～ 建物《たてもの》の中《なか》に見張《みは》りが いないのはへんだ と思《おも》ってたのよねー
みんな外《そと》で 見張《みは》って たんだな
ふー…… 子《こ》どもだと思《おも》ったら なめたマネを してくれたもんじゃわい！
コロ…
クササミ様《さま》 これを
うむ
シシシ
ニシシ
ぬはははは ついに 手《て》に入《い》れたぞ
これで このクニは わしのものじゃわい！

TIME WARP memo
歴史《れきし》なるほどメモ⑥

前方後円墳《ぜんぽうこうえんふん》ってどんなもの？ つくり方《かた》編《へん》

① 前方後円墳《ぜんぽうこうえんふん》はこうしてつくられた

古墳《こふん》の中《なか》でも特《とく》に大《おお》きな前方後円墳《ぜんぽうこうえんふん》は、長《なが》い年月《ねんげつ》と多《おお》くの労働力《ろうどうりょく》をかけてつくられました。古墳《こふん》づくりは、墓《はか》の主《あるじ》である王《おう》（豪族《ごうぞく》）が生《い》きている時《とき》から始《はじ》められました。

そんな巨大《きょだい》な古墳《こふん》は、どのようにしてつくられたのでしょう？ 群馬県《ぐんまけん》にある、5世紀後半頃《せいきこうはんごろ》につくられた八幡塚古墳《はちまんづかこふん》の工事現場《こうじげんば》の復元模型《ふくげんもけい》を見《み》ながら紹介《しょうかい》しましょう。

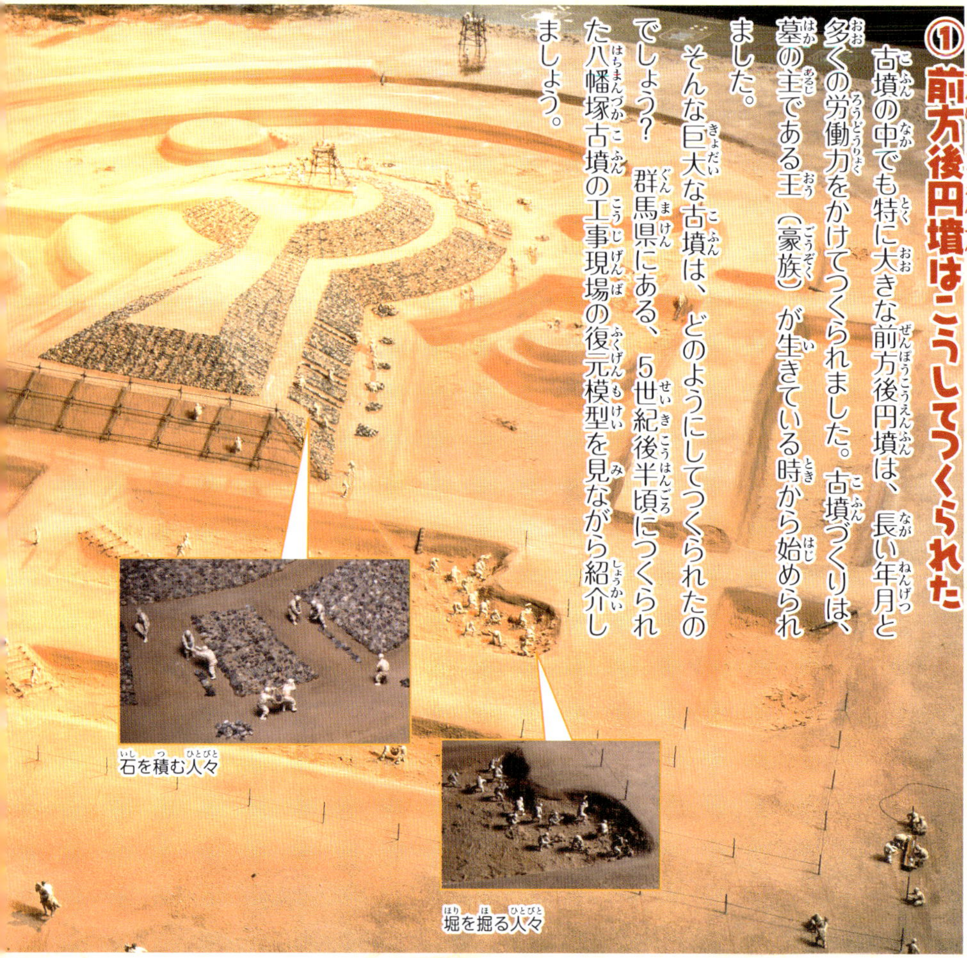

石《いし》を積《つ》む人々《ひとびと》

堀《ほり》を掘《ほ》る人々《ひとびと》

工事《こうじ》を視察《しさつ》する王《おう》と技術者《ぎじゅつしゃ》

水準測量《すいじゅんそくりょう》する技術者《ぎじゅつしゃ》

前方後円墳《ぜんぽうこうえんふん》のつくり方《かた》

① 土地《とち》を選《えら》び、設計図《せっけいず》をつくる

まず、古墳《こふん》づくりに最適《さいてき》な場《ば》所《しょ》を探《さが》します。決《き》まったら、設《せっ》計図《けいず》をつくり、それに基《もと》づいて工事責任者《こうじせきにんしゃ》の指揮《しき》のもと、工事《こうじ》が進《すす》められます。

石棺《せっかん》を運《はこ》ぶ人々《ひとびと》
工事《こうじ》を指揮《しき》する人《ひと》
前方後円墳《ぜんぽうこうえんふん》の築造風景《ちくぞうふうけい》（模型《もけい》）

もの知《し》りコラム

巨大古墳《きょだいこふん》は何人《なんにん》でつくったの？

日本一大《にほんいちおお》きな前方後円墳《ぜんぽうこうえんふん》である大仙陵古墳《だいせんりょうこふん》のケースを見《み》てみると、古墳《こふん》をつくるのに、土《つち》の量《りょう》は約《やく》140万《まん》㎥、表《ひょう》面《めん》の石《いし》の量《りょう》は約《やく》1万《まん》4千《せん》トンが使《つか》われています。これらの膨大《ぼうだい》な土《つち》や石《いし》を掘《ほ》ったり運《はこ》んだりと、古墳《こふん》づくりに関《かか》わった人《ひと》は、のべ680万《まん》7千人《ぜんにん》。今《いま》の大阪府《おおさかふ》の人口《じんこう》の約《やく》8割《わり》にあたります。工事期間《こうじきかん》は15年《ねん》8カ月以上《げついじょう》、工事費用《こうじひよう》は、今《いま》のお金《かね》で約《やく》800億円《おくえん》かかったと考《かんが》えられています。

古墳《こふん》は人間《にんげん》の力《ちから》だけでつくられたのか

②土《つち》を掘《ほ》る

地面《じめん》を掘《ほ》って堀《ほり》をつくります。また、掘《ほ》った時《とき》に出《で》た土《つち》を盛《も》り上《あ》げて、古墳全体《こふんぜんたい》の土台《どだい》となる墳丘《ふんきゅう》をつくります。

③石《いし》を積《つ》む

墳丘《ふんきゅう》が整《ととの》えられたら、斜面《しゃめん》全体《ぜんたい》を覆《おお》うように石《いし》を敷《し》き詰《つ》めます。

④棺《ひつぎ》を納《おさ》める石室《せきしつ》をつくる

円《えん》の部分《ぶぶん》の頂上《ちょうじょう》に大《おお》きな穴《あな》を掘《ほ》ります。ここに王《おう》の棺《ひつぎ》（木棺《もっかん》、石棺《せっかん》）が納《おさ》められます。

⑤棺《ひつぎ》を納《おさ》める

王《おう》が亡《な》くなったら、棺《ひつぎ》に遺《い》体《たい》を納《おさ》め、石室《せきしつ》に蓋《ふた》をしてその上《うえ》に埴輪《はにわ》を並《なら》べます。

写真：すべて高崎市教育委員会・かみつけの里博物館蔵

7章《しょう》 バルボードを取《と》り返《かえ》せ！

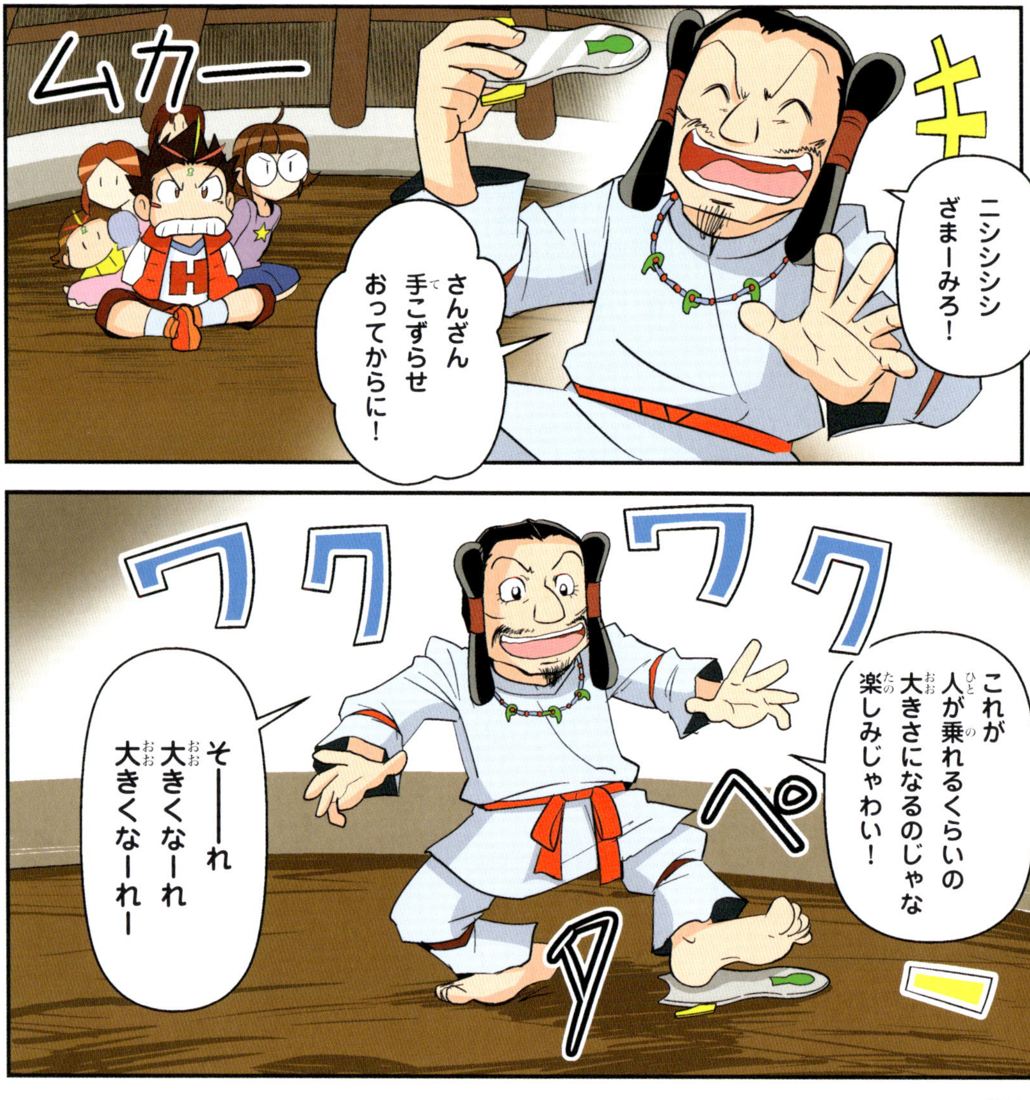

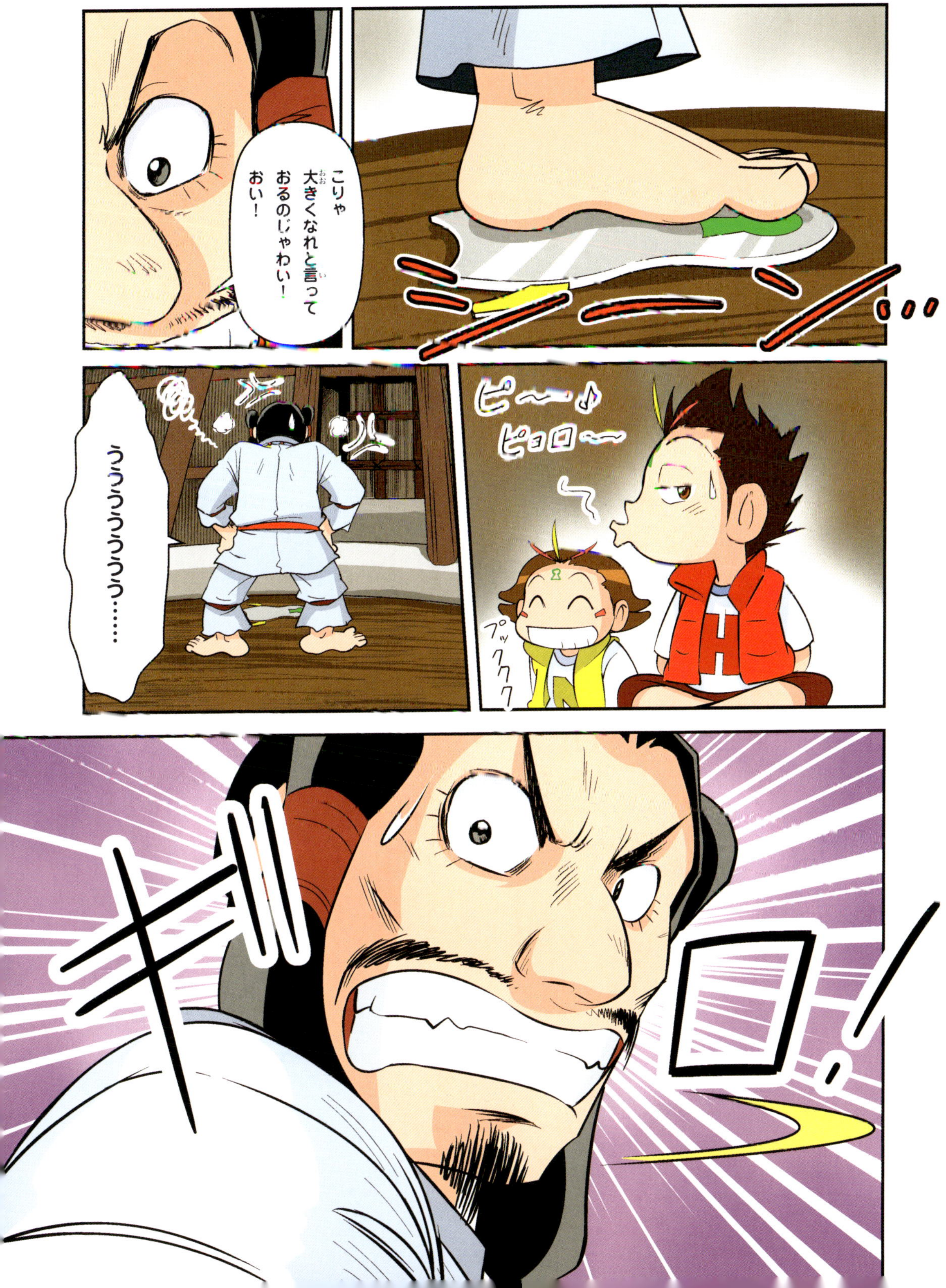
こりゃ
大《おお》きくなれと言《い》っておるのじゃわい！
おい！
ピ〜♪
ピョロ〜〜
プックククク
ううううううう……
ギロ！

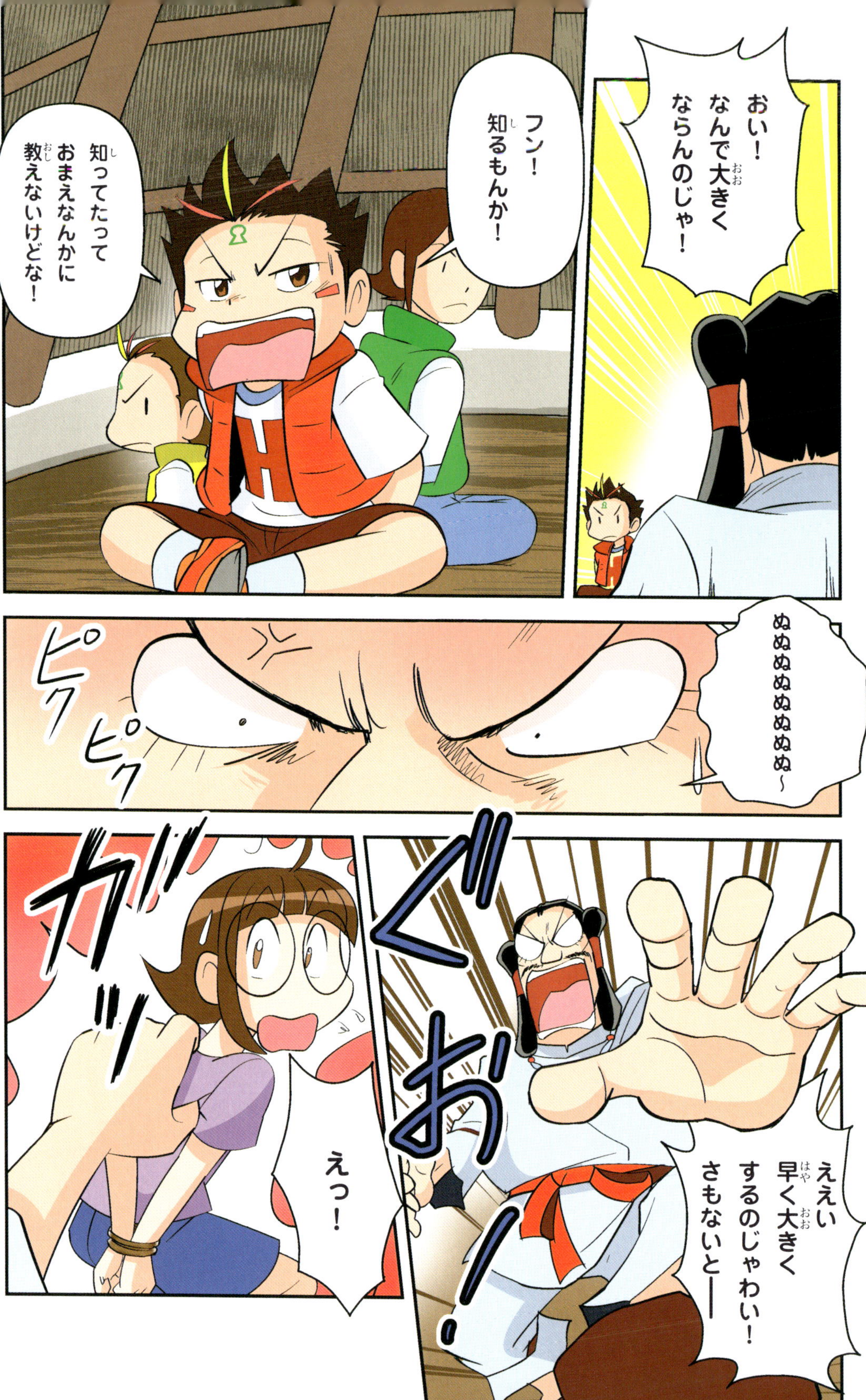
おい！なんで大《おお》きくならんのじゃ！
フン！知《し》るもんか！
知《し》ってたっておまえなんかに教《おし》えないけどな！
ぬぬぬぬぬぬぬぬぬ〜
ピク ピク
ぐおっ！
ええい 早《はや》く大《おお》きくするのじゃわい！さもないと――
ガッ
えっ！

この娘《むすめ》の命《いのち》はないのじゃわい！
ええええええええ？
バン
レオナ！
たっ……助《たす》けて！
たいへん！このままじゃレオナが……
やめろ！

仲間《なかま》に手《て》を出《だ》すな！
ほーう ではどうするというのじゃわい？
……ちくしょう！ わかったよ！
オボオボキビクブ ナバアバレベ〜！
ギュ
ン！！
ドン！
きゃっ
おおっ！

ズオーン！
おおお みごとじゃわい！
これじゃ！ これぞわしの 求《もと》めていたもの！
わはははは ついに手《て》に入《い》れた！
これさえ あれば わしは 大王《おおきみ》じゃわい！ わはははははは！
く……
くっそ――――！

だーーっ！
おまえたちは見張《みは》っていろ！
わしはこれから大王《おおきみ》になる前祝《まえいわ》いをするじゃわい！
はっ！
ワォーーン……
くっそー あのおっさん……
いつまでこんなところに閉《と》じ込《こ》めておくつもりだ
グ～～キュウ～
ううう おなかすいたー
うちに帰《かえ》りたいよー

ナルル
ガマンして……
外《そと》には見張《みは》りがいるし
それにホセのバルボードを
取《と》り戻《もど》さないと
うちに帰《かえ》れないよ
ううう
みんな
ごめんね
私《わたし》のために……
レオナのせい
じゃねえよ
でも…バルボード
がないと……
くっそー
どうすりゃ
いいんだ——!
カッ!
うーーん……
仲間《なかま》が
いるだろ?
ホセ
えっ!
みんなで
力《ちから》を合《あ》わせれば
なんとか
なるんじゃない?

!
そうか!
オレたち……ここまで一緒《いっしょ》に冒険《ぼうけん》してきた仲間《なかま》だもんな!
ホセ……
うん!
仲間同士《なかまどうし》で団結《だんけつ》すれば パワーは何倍《なんばい》にもなるよ!
よーし! みんなでバルボードを取《と》り返《かえ》してやろーぜ!
おう!

フワァ～
すー。
モワァ
パッ!
モワ
モワ
なっなんだ
このにおいは……
くっくさい!
まるで毒《どく》ガス
だあああ!
バタ
どーだ!
ホセ様《さま》の
必殺《ひっさつ》
握《にぎ》りっぺ攻撃《こうげき》!
オレは
うんこもくさいが
おならはもっと
くさいんだぜ!
いばって
言《い》うな!
ダダダダ

よし
それじゃ
作戦《さくせん》どおりに
行《い》くぜー
うん！
ヒソ
ヒソ
ヒソ……
ぐおー
おおお
いとしの
鉄《てつ》の板《いた》ちゃん……
ムニャムニャ……
ぐおー
おーい
クササミ！
クササミよ！
んんんん……？

誰《だれ》じゃわい〜？こんな夜中《よなか》に〜
ムニャムニャ
私《わたし》は神様《かみさま》だ〜
ううーん？
クササミ〜子どもたちから奪《うば》った鉄《てつ》の板《いた》を返《かえ》すのだ〜さもないと……
おまえの眉毛《まゆげ》が伸《の》びすぎて目《め》が見《み》えなくなるぞ〜
えええっ！
それでも返《かえ》さないと耳毛《みみげ》が伸《の》びすぎて耳《みみ》が聞《き》こえなくなるぞ〜
ボッ！
ウオッ
うおおおっ！

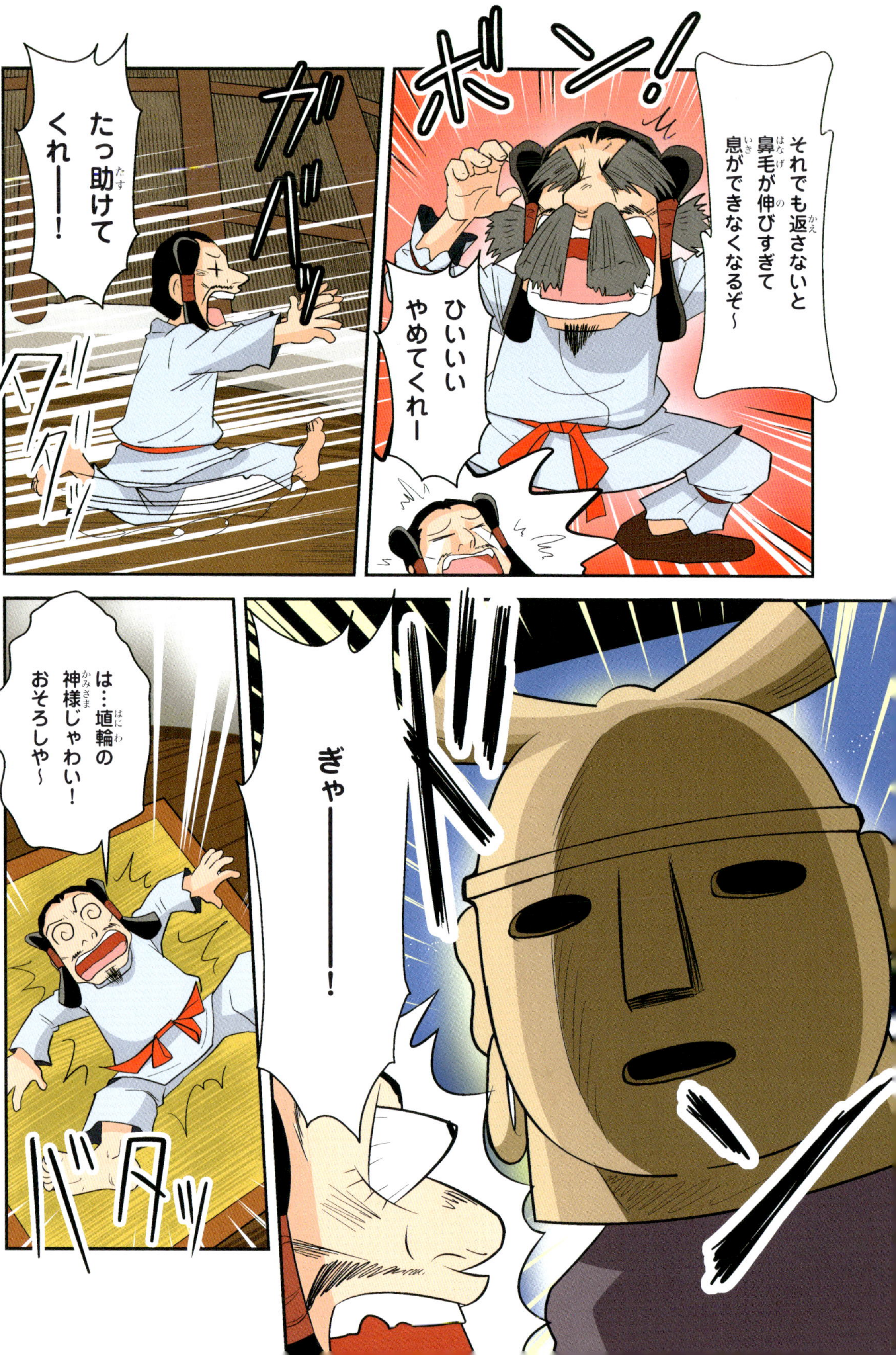
ボン！
それでも返《かえ》さないと
鼻毛《はなげ》が伸《の》びすぎて
息《いき》ができなくなるぞ～
ひいいいい
やめてくれー
ガベッ
たっ助《たす》けて
くれーー！
ダッダッ
ギャー
ぎゃーーー！
は…埴輪《はにわ》の
神様《かみさま》じゃわい！
おそろしや～
バタッ

スポッ
ふうっ
レオナ
最高《さいこう》の演技《えんぎ》だったわよ♥
えへへ
さあ
ホセ
今《いま》のうちに
ボードを!
よかったー
オレの
ハルボードちゃん!
すりすり
さあ
こいつが
起《お》きる前《まえ》に
逃《に》げるよ!
ダッ
あっ
いたぞ!
あいつらだ~!
ドドドドド

TIME WARP memo
歴史《れきし》なるほどメモ⑦

前方後円墳《ぜんぽうこうえんふん》ってどんなもの？ 構造編《こうぞうへん》

① 古墳《こふん》の中《なか》はどうなっているの？

前方後円墳《ぜんぽうこうえんふん》の円《えん》の部分《ぶぶん》には、中央《ちゅうおう》に亡《な》くなった王《おう》の棺《ひつぎ》（木棺《もっかん》、石棺《せっかん》）を納《おさ》めるための石室《せきしつ》があります。

石室《せきしつ》は、棺《ひつぎ》より少《すこ》し広《ひろ》めに掘《ほ》られ、周囲《しゅうい》が石《いし》の壁《かべ》で囲《かこ》まれた部屋《へや》のようなつくりです。

棺《ひつぎ》が納《おさ》められたあとの石室《せきしつ》は、天井《てんじょう》も石《いし》で覆《おお》い、その上《うえ》から土《つち》をかぶせます。そして、その上《うえ》や周《まわ》りに王《おう》宮《きゅう》をかたどった家形《いえがた》の埴輪《はにわ》や馬形《うまがた》などの形象埴輪《けいしょうはにわ》、円《えん》筒埴輪《とうはにわ》などを並《なら》べました。

② 石室《せきしつ》にも流行《りゅうこう》があった

石室《せきしつ》には、竪穴式《たてあなしき》と横穴式《よこあなしき》のタイプがあります。上《うえ》から穴《あな》を掘《ほ》って蓋《ふた》をするのが竪穴式《たてあなしき》、石室《せきしつ》の横《よこ》から外《そと》へ出入《ではい》りできる通路《つうろ》を開《あ》けるのが横穴式《よこあなしき》です。

古墳時代《こふんじだい》の中頃《なかごろ》までは竪穴式《たてあなしき》が主流《しゅりゅう》で、それ以降《いこう》は横穴式《よこあなしき》に代《か》わっていきました。横穴式《よこあなしき》は、新《あら》たに朝鮮《ちょうせん》半島《はんとう》などから伝《つた》わったもので、通路《つうろ》が開《あ》けられているため、後《のち》に亡《な》くなった人《ひと》を一緒《いっしょ》に埋葬《まいそう》できる家族《かぞく》の墓《はか》になったようです。

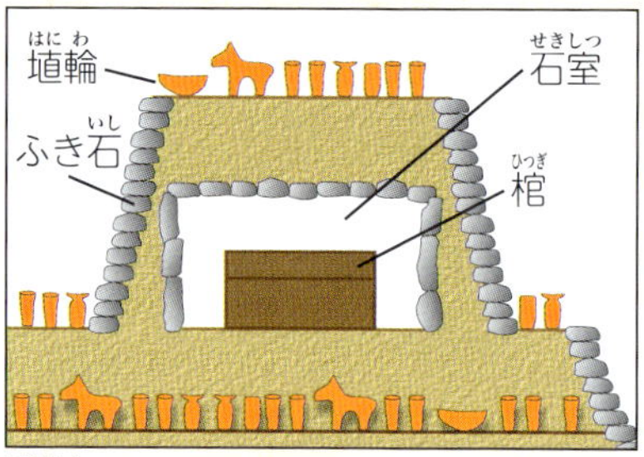

竪穴式《たてあなしき》

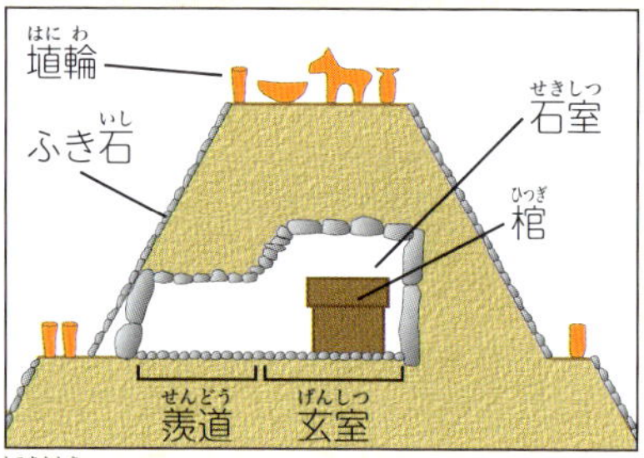

横穴式《よこあなしき》

古墳《こふん》のつくりにも流行《りゅうこう》があるんだね

③古墳《こふん》の中《なか》には何《なに》が入《はい》っているの？

棺《ひつぎ》や石室《せきしつ》の中《なか》には、葬《ほうむ》られる人《ひと》と一緒《いっしょ》に、祭《まつ》りに使《つか》われる鏡《かがみ》や、剣《けん》や鎧《よろい》等《とう》の武具《ぶぐ》などが納《おさ》められました。このような棺《ひつぎ》や石室《せきしつ》に一緒《いっしょ》に納《おさ》められた品々《しなじな》を、副葬《ふくそう》品《ひん》といいます。この副葬品《ふくそうひん》によって、中《なか》に葬《ほうむ》られている人《ひと》がどんな身分《みぶん》や立場《たちば》の人《ひと》だったのかなどがわかります。

各地《かくち》に残《のこ》されている古墳《こふん》は、現代《げんだい》の人々《ひとびと》が発掘《はっくつ》する前《まえ》に荒《あ》らされてしまったため、納《おさ》められた副葬品《ふくそうひん》のほとんどが盗《ぬす》まれていました。幸運《こううん》にも発見《はっけん》されたものの中《なか》には、鉄《てつ》の道具《どうぐ》や黄金《おうごん》の靴《くつ》など、大変《たいへん》貴重《きちょう》なものがあります。

様々《さまざま》な副葬品《ふくそうひん》

副葬品《ふくそうひん》は、古墳時代《こふんじだい》の初《はじ》め頃《ごろ》は、主《おも》に銅鏡《どうきょう》や石《いし》の腕輪《うでわ》、勾玉《まがたま》などでした。時代《じだい》が進《すす》むにつれ、鉄製《てつせい》の剣《けん》や鎧《よろい》などの武具《ぶぐ》や、食《た》べ物《もの》やお酒《さけ》を入《い》れた土器《どき》などに代《か》わっていきました。

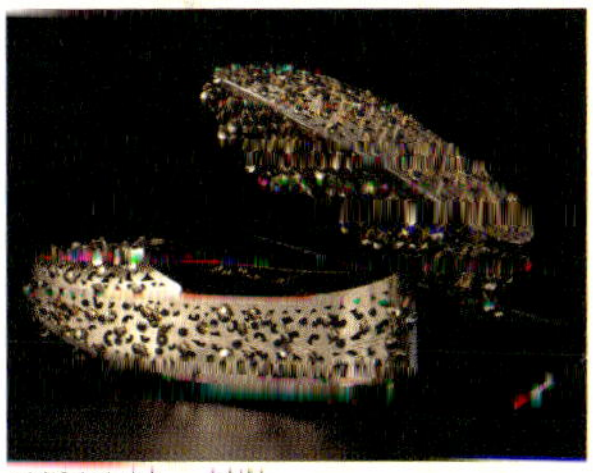

金銅製飾履《こんどうせいしょくり》（復元《ふくげん》）
下芝谷ツ《しもしばやツ》古墳《こふん》（群馬県《ぐんまけん》）から出土《しゅつど》した薄《うす》い銅《どう》の板《いた》に金《きん》メッキを施《ほどこ》した靴《くつ》。4つの板《いた》を銀《ぎん》の鋲《びょう》でとめている
高崎市教育委員会・かみつけの里博物館蔵

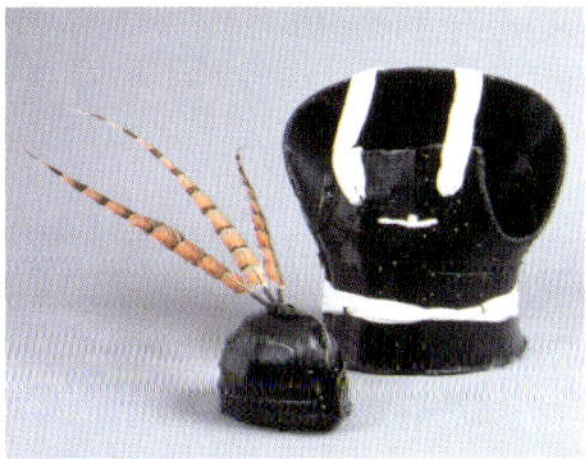

鉄製《てつせい》の甲冑《かっちゅう》（復元《ふくげん》）
黒姫山《くろひめやま》古墳《こふん》（大阪府《おおさかふ》）から出土《しゅつど》した鉄製《てつせい》の鎧《よろい》と兜《かぶと》
堺市立みはら歴史博物館所蔵

もの知りコラム

でっかい古墳《こふん》に外国人《がいこくじん》もびっくりした⁉

日本一《にほんいち》大《おお》きい大仙陵古墳《だいせんりょうこふん》は、大阪湾《おおさかわん》の堺《さかい》の港《みなと》のすぐ近《ちか》くにあります。

当時《とうじ》の大阪湾《おおさかわん》には、朝鮮半島《ちょうせんはんとう》や中国《ちゅうごく》から海《うみ》を渡《わた》ってきた人々《ひとびと》がたくさん出《で》入《い》りしていました。海外《かいがい》から渡《わた》ってきた人々《ひとびと》は、海上《かいじょう》の船《ふね》からこの巨大《きょだい》な墓《はか》を見《み》て、とても驚《おどろ》いたことでしょう。大仙陵《だいせんりょう》古墳《こふん》は、日本《にほん》の権力者《けんりょくしゃ》の力《ちから》を外国人《がいこくじん》に見《み》せつける目的《もくてき》もあったのではないでしょうか。

8章《しょう》 タイムワープで逃《に》げろ！

なにい!?
はっ！鉄《てつ》の板《いた》がない！
ダダ
おのれー
バッ
さあ みんなバルボードに乗《の》って！
おう！
ドドドド
くおらー待《ま》つのじゃわいーー！
うわ クササミが追《お》ってきた！
しっかりつかまれよ！出発《しゅっぱつ》するぜ！

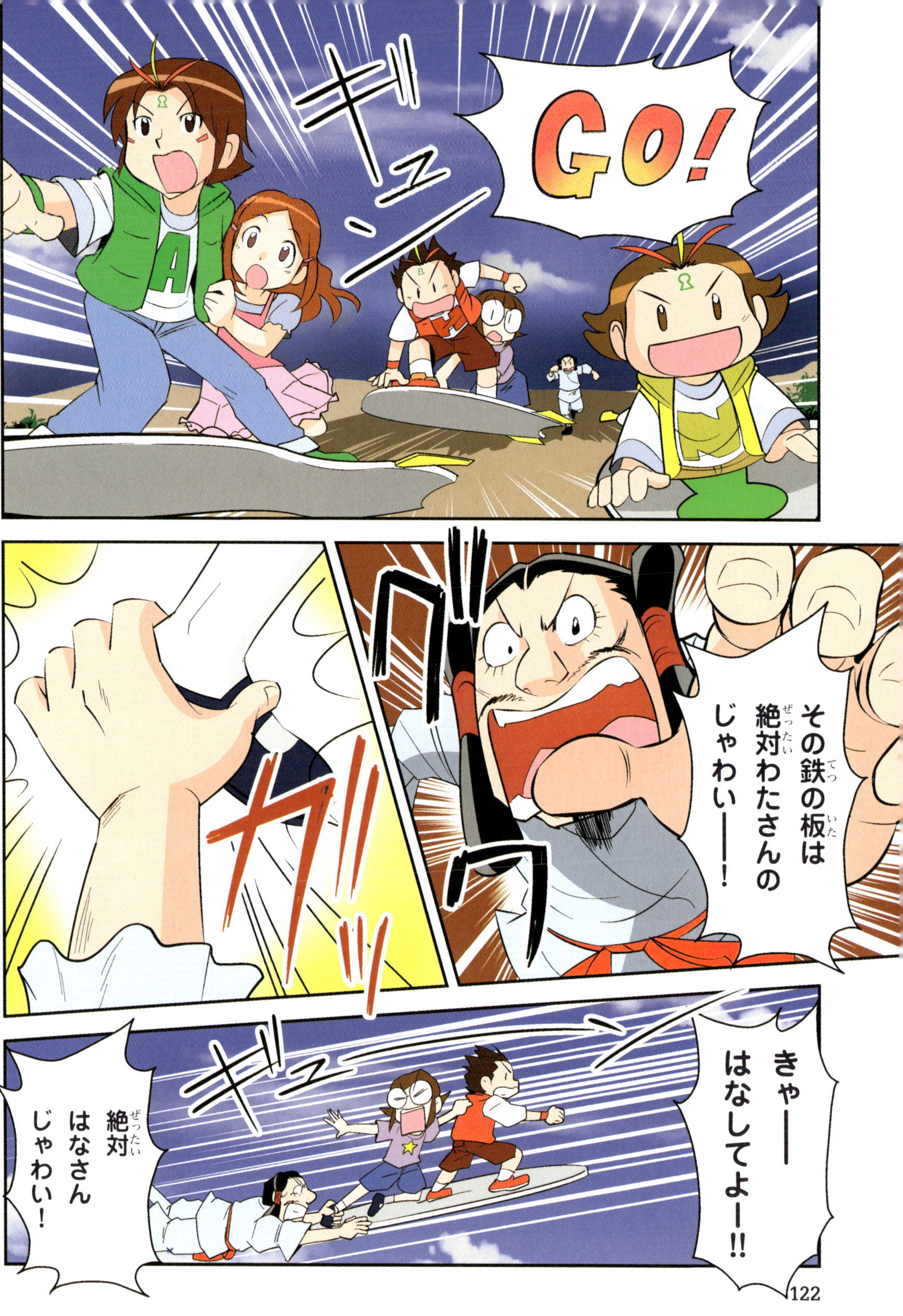
GO!
ギューン
ガッ
グワッ
その鉄《てつ》の板《いた》は
絶対《ぜったい》わたさんの
じゃわい――――!
ギュン
きゃ――
はなしてよー!!
絶対《ぜったい》
はなさん
じゃわい!

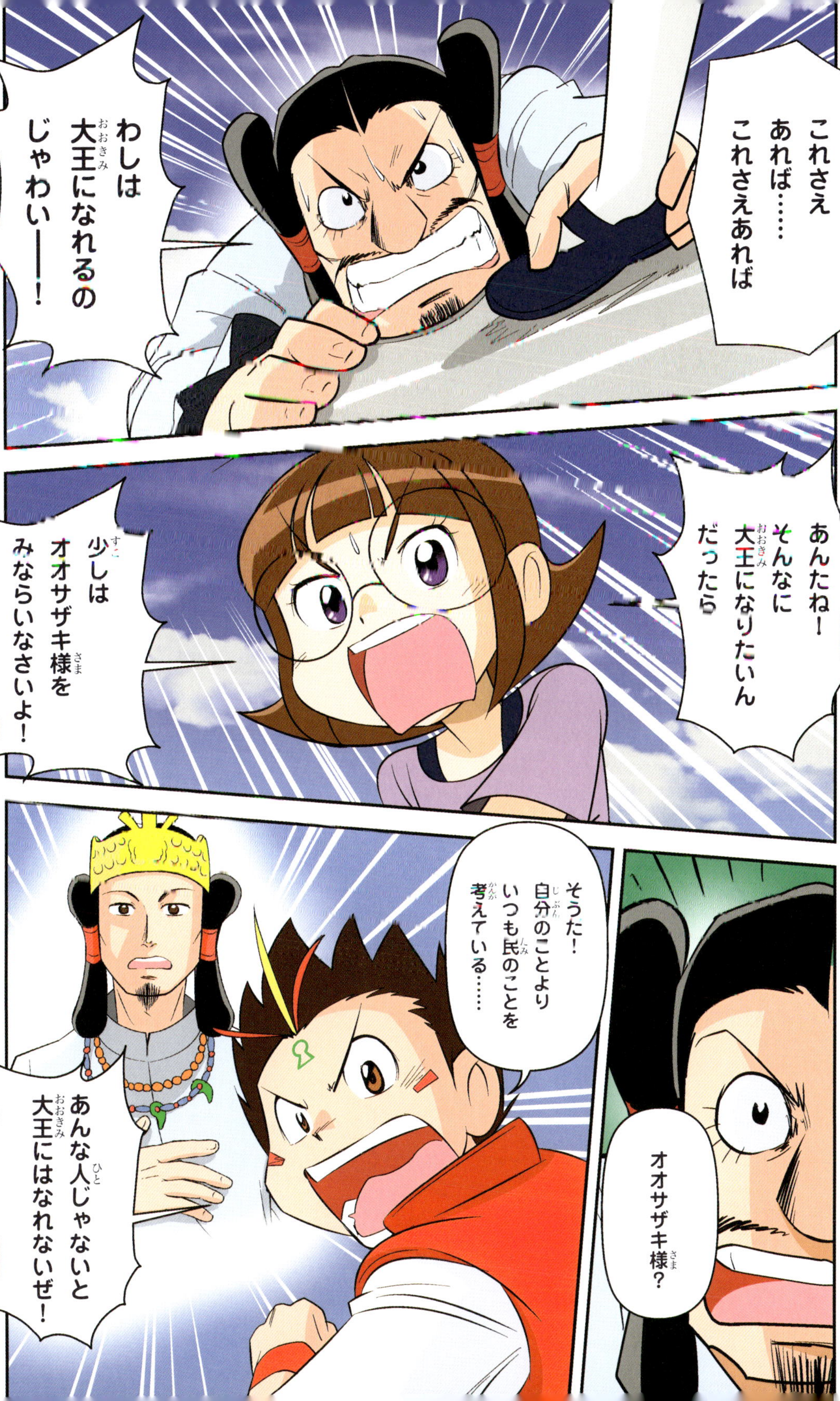
これさえ
あれば……
これさえあれば
わしは
大王《おおきみ》になれるのじゃわい――!
あんたね!
そんなに
大王《おおきみ》になりたいんだったら
少《すこ》しは
オオサザキ様《さま》を
みならいなさいよ!
そうだ!
自分《じぶん》のことより
いつも民《たみ》のことを
考《かんが》えている……
オオサザキ様《さま》?
あんな人《ひと》じゃないと
大王《おおきみ》にはなれないぜ!

スポンッ
あっ
ヒュー
あれーー
じゃわいーー
ボッチャーーン
ほっ
やったぜ!
あーん
私《わたし》の靴《くつ》がーー
ギュイイイィ

ボン
シュウウーーン
ふぅー なんとか 逃《に》げられたね……
レオナ 大丈夫《だいじょうぶ》だった?
うん でも 靴《くつ》を片方《かたほう》 取《と》られちゃったよ……
あっ あれ見《み》て!

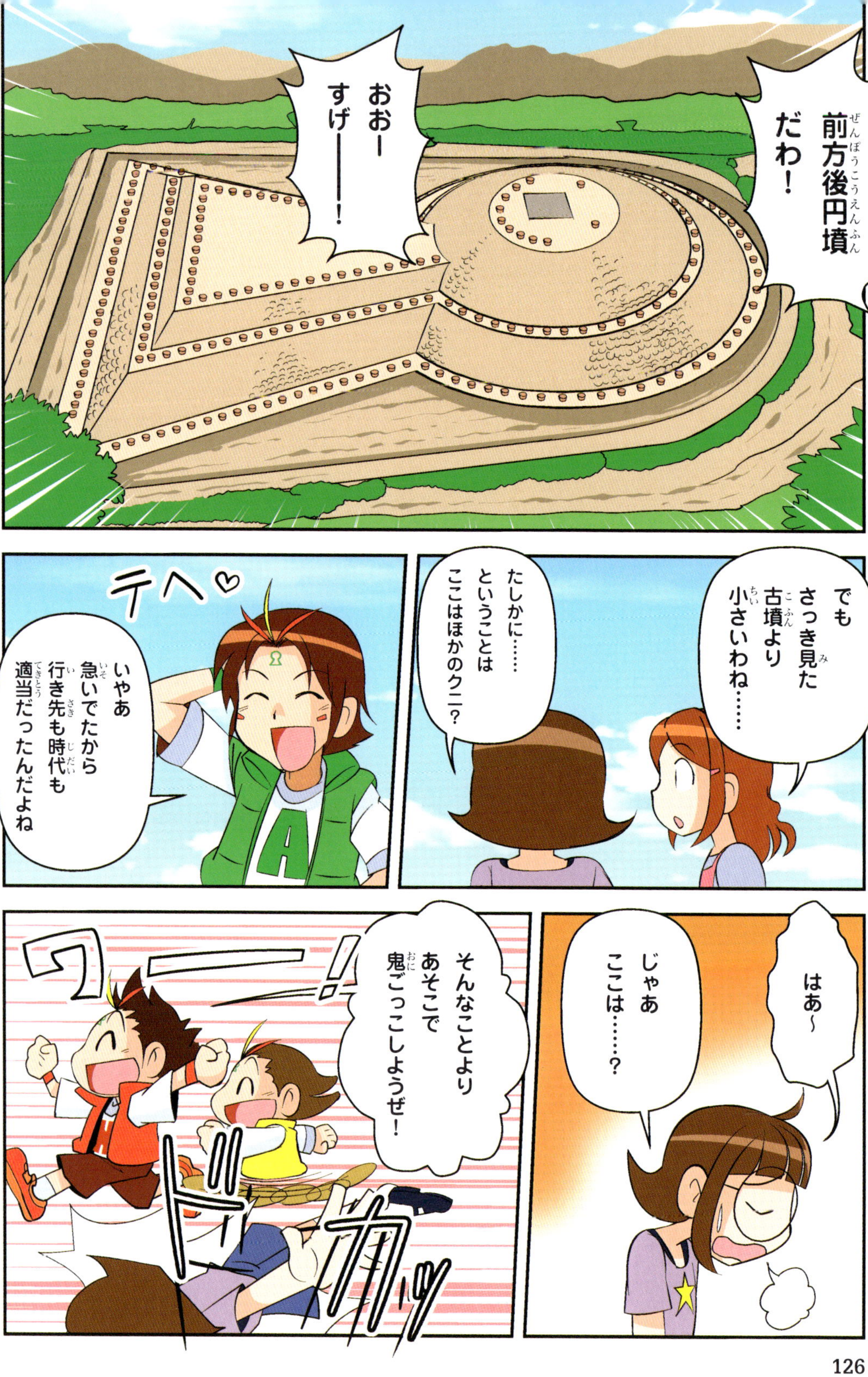
前方後円墳《ぜんぽうこうえんふん》だわ！
おおーすげーーー！
でもさっき見《み》た古墳《こふん》より小《ちい》さいわね……
たしかに……ということはここはほかのクニ？
テヘ♡
いやあ急《いそ》いでたから行《い》き先《さき》も時代《じだい》も適当《てきとう》だったんだよね
はあ～
じゃあここは……？
そんなことよりあそこで鬼《おに》ごっこしようぜ！
ワーー！
ドドドカッ

ちょっと
なにのんきなこと
言《い》ってるのよ!
ガラッ!
少《すこ》しは一緒《いっしょ》に考《かんが》えてよ……
!
なっなに今《いま》の?
さあ……
地震《じしん》……?
タラ…
な…なんか
いやな予感《よかん》が
するんですけど……

それより鬼《おに》ごっこだ――!
ギュ――ン
ひゃっほう!
わあー いいながめ!
!
あっ あそこに小《ちい》さなムラが見《み》える!
へえぇー けっこう立派《りっぱ》な田《た》んぼね
あっ 馬《うま》がいる!
ホントだ かわいー♥
ん? どうしたんだろう 暴《あば》れてるみたい……
?
ヒヒ――ン!
バサバサ

グラグラッ
きゃっ!
まっ また 地震《じしん》だわ
グラ
グラ
けっこう 大《おお》きいわよ!
ゴッゴゴゴ
ビシッ

ズザザーッ
きゃっ
足元《あしもと》の土《つち》がくずれた！
きゃ――――！
わわっ
ガシッ
助《たす》けてー
ザザザザ
あー
れ――――

ザザザザー
うわあああー
きゃー！

古墳時代《こふんじだい》の人々《ひとびと》の生活《せいかつ》

① 弥生時代《やよいじだい》より進《すす》んだ文化《ぶんか》

弥生時代《やよいじだい》に引《ひ》き続《つづ》き、古墳時代《こふんじだい》にも朝鮮半島《ちょうせんはんとう》や中《ちゅう》国《ごく》から大勢《おおぜい》の人々《ひとびと》（渡来人《とらいじん》）がやってきました。また、この時代《じだい》には一族《いちぞく》でまとまって渡《わた》ってきて、日本《にほん》の各地《かくち》に住《す》む人《ひと》たちも増《ふ》えました。

古墳時代《こふんじだい》にやってきた渡来人《とらいじん》は、須恵器《すえき》と呼《よ》ばれる高温《こうおん》で焼《や》いた硬《かた》い土器《どき》のつくり方《かた》や、鉄《てつ》を使《つか》った金属《きんぞく》器《き》の加工法《かこうほう》、古墳《こふん》づくりにもいかされた土木《どぼく》・建築《けんちく》の工法《こうほう》、絹織物《きぬおりもの》の製造法《せいぞうほう》など、それまで日本《にほん》になかった、たくさんの進《すす》んだ技術《ぎじゅつ》を伝《つた》えました。ほかにも、漢字《かんじ》や仏教《ぶっきょう》などの新《あたら》しい文化《ぶんか》が伝《つた》わりました。これによって日本《にほん》の技術《ぎじゅつ》や文化《ぶんか》は、大《おお》きく進歩《しんぽ》したのです。

三ッ寺《みでら》Ⅰ遺跡《いせき》（群馬県《ぐんまけん》）から出土《しゅつど》した須恵器《すえき》

渡来人《とらいじん》から伝《つた》わった、新《あたら》しい技術《ぎじゅつ》でつくられた土器《どき》で、ろくろを使《つか》い、山《やま》の斜面《しゃめん》などにつくられた登《のぼ》り窯《がま》で焼《や》いた。これまで使《つか》われていた土器《どき》より硬《かた》いつくりになっている

群馬県教育委員会蔵、高崎市教育委員会・かみつけの里博物館提供

比《くら》べてみよう！ 古墳時代《こふんじだい》の男女《だんじょ》のファッション

古墳時代《こふんじだい》の身分《みぶん》の高《たか》い人《ひと》のファッションは、男女《だんじょ》ともに、独特《どくとく》の髪形《かみがた》をしているところがポイントです。耳飾《みみかざ》りや首飾《くびかざ》りは、身分《みぶん》の高《たか》さの証《あか》しです。

島田《しまだ》まげ
上《あ》げミズラ
耳飾《みみかざ》り
首飾《くびかざ》り
帯《おび》

身分《みぶん》の高《たか》い女性《じょせい》（巫女《みこ》）の服装《ふくそう》

身分《みぶん》の高《たか》い男性《だんせい》の服装《ふくそう》

男性《だんせい》の髪形《かみがた》の別《べつ》バージョン・下《さ》げミズラだよ！

②暮《く》らしを豊《ゆた》かにした「鉄《てつ》」

渡来人《とらいじん》たちは、様々《さまざま》な技術《ぎじゅつ》や文化《ぶんか》だけではなく、いろいろな物《もの》も運《はこ》んでいます。

中《なか》でも、当時《とうじ》の最先端《さいせんたん》の素材《そざい》だった「鉄《てつ》」は、みんなが欲《ほ》しがる貴重品《きちょうひん》です。鉄《てつ》を使《つか》ってつくられた様々《さまざま》な加工品《かこうひん》は、人々《ひとびと》の生活《せいかつ》を豊《ゆた》かにしてくれました。

鉄《てつ》の刃《は》をつけたクワやスキなどの農具《のうぐ》は、コメなどの農作物《のうさくぶつ》づくりを大《おお》いに助《たす》け、人々《ひとびと》の食生活《しょくせいかつ》を安定《あんてい》させました。鉄《てつ》でできた手斧《ておの》などの工具《こうぐ》は、多《おお》くの木工品《もっこうひん》や様々《さまざま》な道具《どうぐ》、家《いえ》などをつくるのを便利《べんり》にしました。また、鉄製《てつせい》の剣《けん》や鎧《よろい》、兜《かぶと》などの武具《ぶぐ》は、戦力《せんりょく》アップに役立《やくだ》ちました。

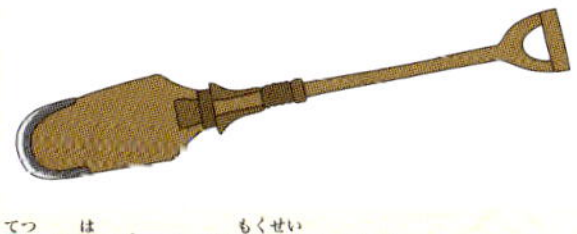

鉄《てつ》の刃《は》がついた木製《もくせい》のスキ
鉄《てつ》の刃《は》なら、少《すこ》しぐらい硬《かた》い地面《じめん》だって掘《ほ》り起《お》こせる！

鉄製《てつせい》の手斧《ておの》
鉄《てつ》の刃先《はさき》は、切れ味がよくて木を切る効率《こうりつ》がアップ！　木工品《もっこうひん》やいろいろな形《かたち》の道具《どうぐ》づくりに便利《べんり》だ！

もの知りコラム

古墳時代《こふんじだい》は かまどが大活躍《だいかつやく》！

「鉄《てつ》」の農具《のうぐ》のおかげで農作業《のうさぎょう》の効率《こうりつ》が上《あ》がると、コメの収穫量《しゅうかくりょう》も増《ふ》え、人々《ひとびと》はたくさんコメを食《た》べられるようになりました。

古墳時代《こふんじだい》の半《なか》ば頃《ごろ》、渡来人《とらいじん》によってかまどが伝《つた》わると、少《すく》ない燃料《ねんりょう》でも強《つよ》い火力《かりょく》が出《だ》せるかまどはコメを炊《た》くのにとても便利《べんり》で、各家庭《かくかてい》で大活躍《だいかつやく》しました。また、渡来人《とらいじん》は蒸《む》すという調理法《ちょうりほう》も伝《つた》え、料理《りょうり》の幅《はば》を広《ひろ》げました。

カマドの構造《こうぞう》

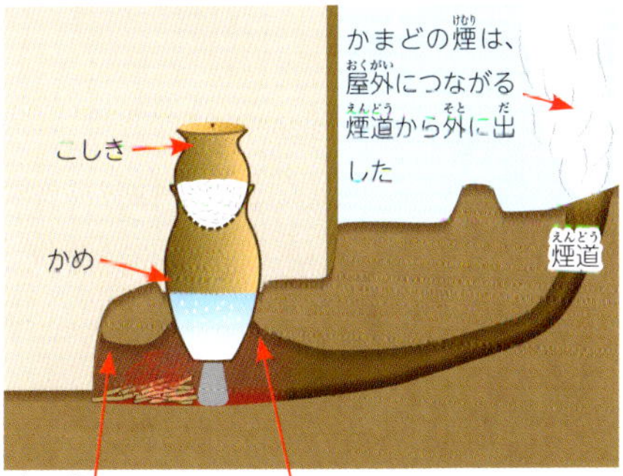
かまどの煙《けむり》は、屋外《おくがい》につながる煙道《えんどう》から外《そと》に出《だ》した
こしき
かめ
煙道《えんどう》
焚《た》き口《ぐち》
ここから燃料《ねんりょう》（木《き》など）を入《い》れて燃《も》やす
穴《あな》の中《なか》に水《みず》の入《はい》ったかめをはめ、その上《うえ》にコメを入《い》れたこしきを載《の》せて調理《ちょうり》した

9章《しょう》
大噴火《だいふんか》で古墳《こふん》やムラが消《き》えちゃう!?

なんとかみんな無事《ぶじ》だよー
それにしてもさっきからおかしな地震《じしん》が続《つづ》いてるわね
うんたしかにここってへんだぜ!
ズオォ
へんなところで悪《わる》かったな~
ひっ

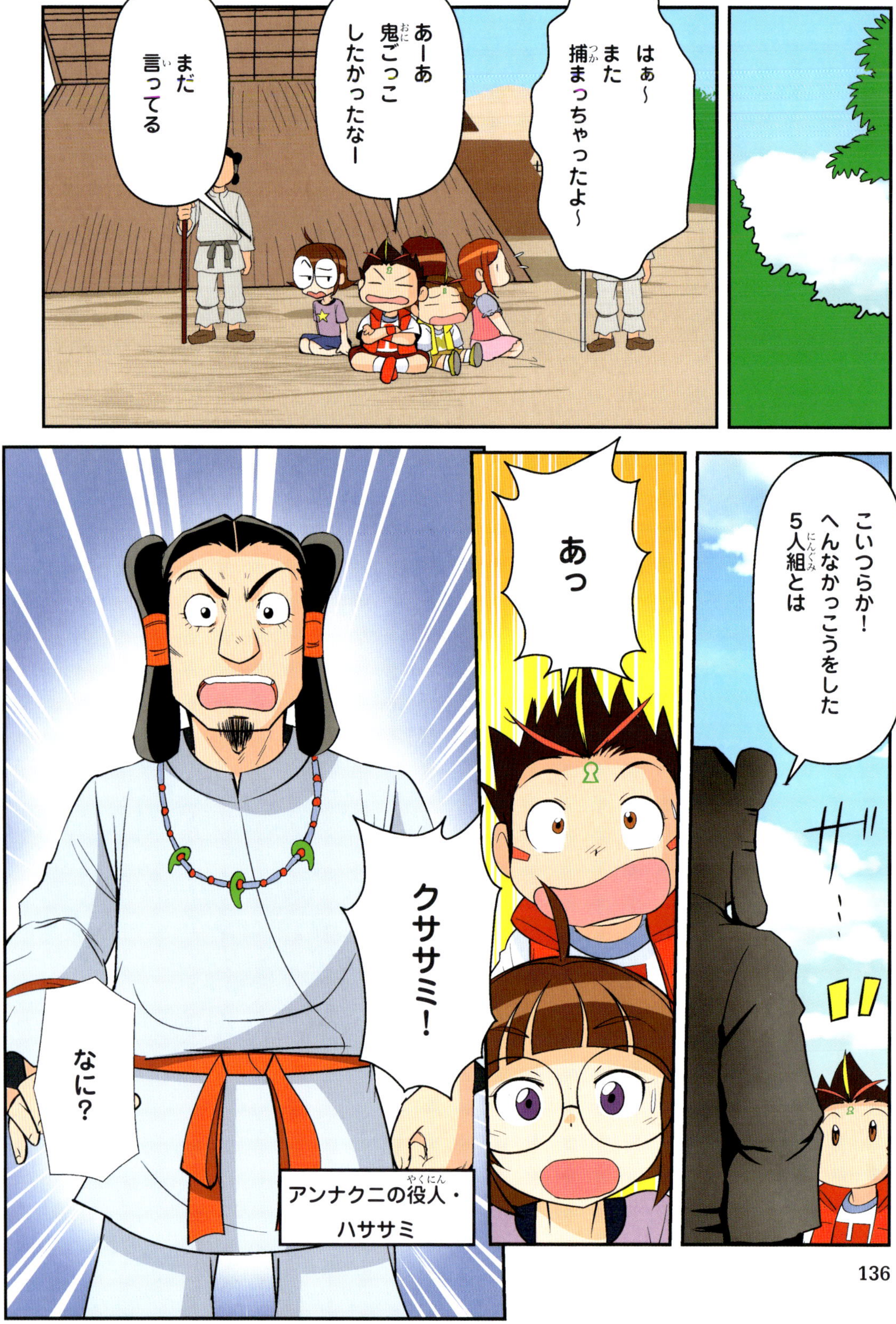

はぁ～ また捕《つか》まっちゃったよ～
あーあ 鬼《おに》ごっこしたかったなー
まだ言《い》ってる
こいつらか! へんなかっこうをした5人組《にんぐみ》とは
ザ…
!!
あっ
クササミ!
なに?
アンナクニの役人《やくにん》・ハササミ

おまえたち なぜわしの じい様《さま》の名《な》を 知《し》っているのだ!?
へっ? じい様《さま》?
じゃ じゃあ あなたは クササミの孫《まご》 ってこと?
いかにも わしは クササミじい様《さま》の孫《まご》で ハササミじゃ!
ということは ここは……
アンクニ!?

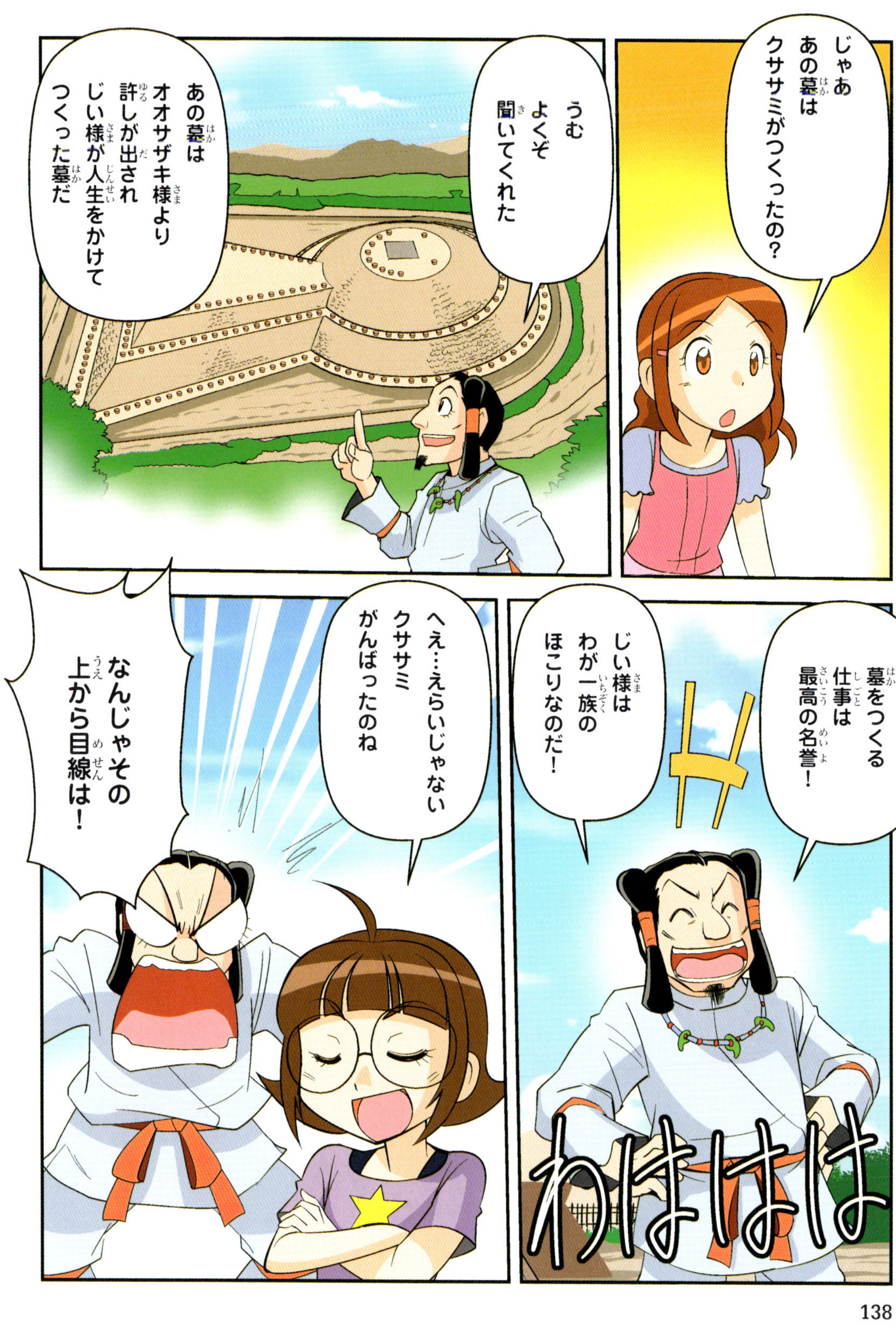
じゃあ
あの墓《はか》は
クササミがつくったの?
うむ
よくぞ
聞《き》いてくれた
あの墓《はか》は
オオサザキ様《さま》より
許《ゆる》しが出《だ》され
じい様《さま》が人生《じんせい》をかけて
つくった墓《はか》だ
墓《はか》をつくる
仕事《しごと》は
最高《さいこう》の名誉《めいよ》!
じい様《さま》は
わが一族《いちぞく》の
ほこりなのだ!
わははは
へえ…えらいじゃない
クササミ
がんばったのね
なんじゃその
上《うえ》から目線《めせん》は!

じい様《さま》はよく言《い》っていた……
コホン
天《てん》から来《き》た神《かみ》の使《つか》いがわしを導《みちび》いてくれたのだと……
民《たみ》のために働《はたら》くことが大切《たいせつ》だと教《おし》えてくれたとな
もしかしてそれって……
私《わたし》たちのことみたいね
ボソ
ボソ
そんなことよりおまえたちは何者《なにもの》なのだ!
いったいどこから来《き》た?
えっ? いやそのー

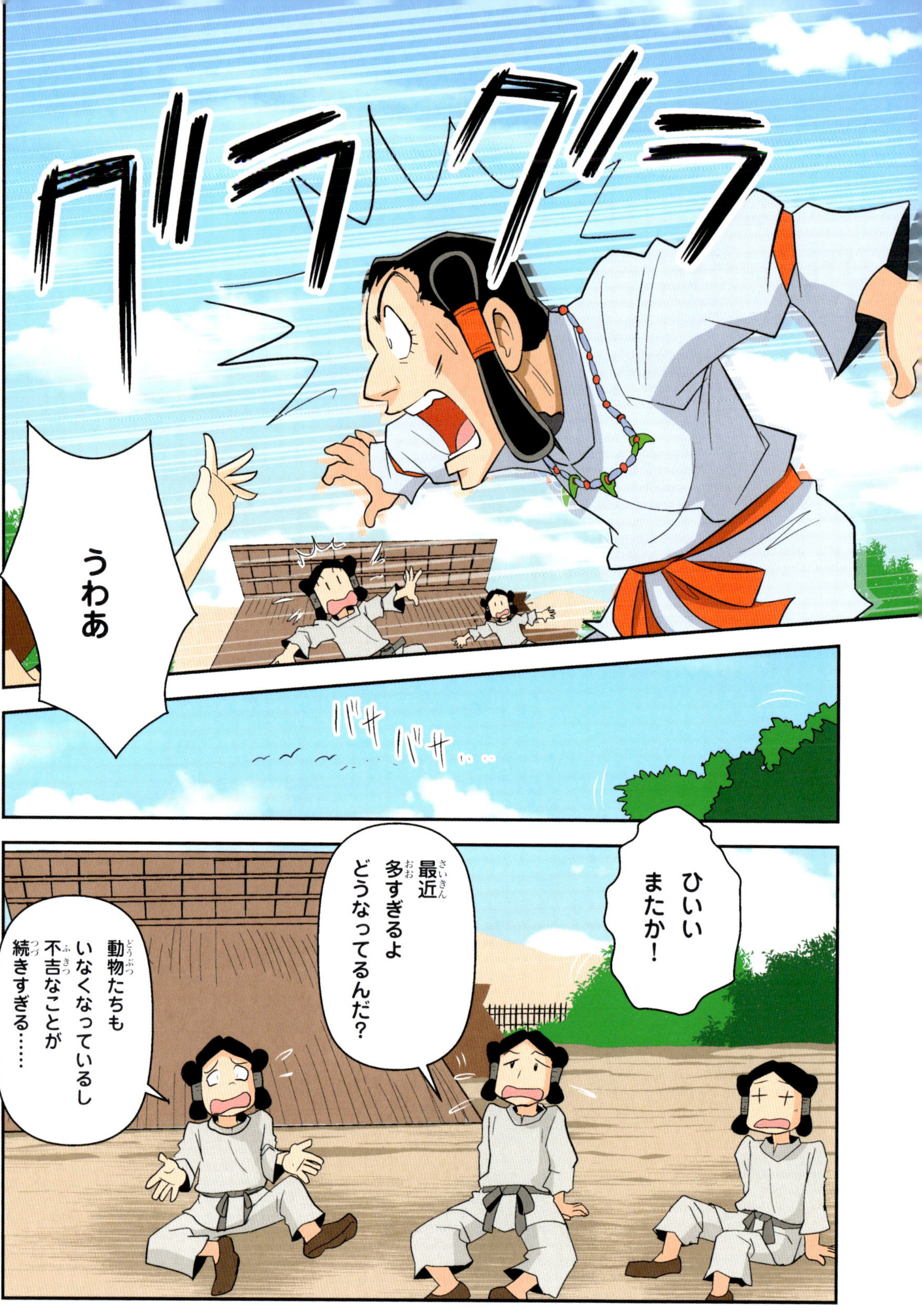
グラグラ
うわあ
バサバサ…
ひいい　またか！
最近《さいきん》多《おお》すぎるよ　どうなってるんだ？
動物《どうぶつ》たちもいなくなっているし　不吉《ふきつ》なことが続《つづ》きすぎる……

兵士《へいし》も
おびえてるわ……
う～ん……
！
あの山《やま》
煙《けむり》が
出《で》てる……
もしかしたら
あの山《やま》
噴火《ふんか》するかも
しれないわ！
えっ！

ゴゴゴ
私《わたし》たちが住《す》んでいる古墳《こふん》のある町《まち》……
あそこは大昔《おおむかし》に火山《かざん》の灰《はい》に埋《う》もれて一度《いちど》消滅《しょうめつ》した歴史《れきし》があるの！
それに火山《かざん》が噴火《ふんか》する時《とき》って地震《じしん》も頻繁《ひんぱん》に起《お》こるのよ！
じゃあ このクニも火山《かざん》の灰《はい》に埋《う》もれるのか？
うん そうかもしれない！
ハササミさん！
このクニの人々《ひとびと》を 遠《とお》くへ避難《ひなん》させて！
はあああっ？
いきなりなにを言《い》い出《だ》すのだ！
何者《なにもの》かもわからんやつがなまいきな……
ん？

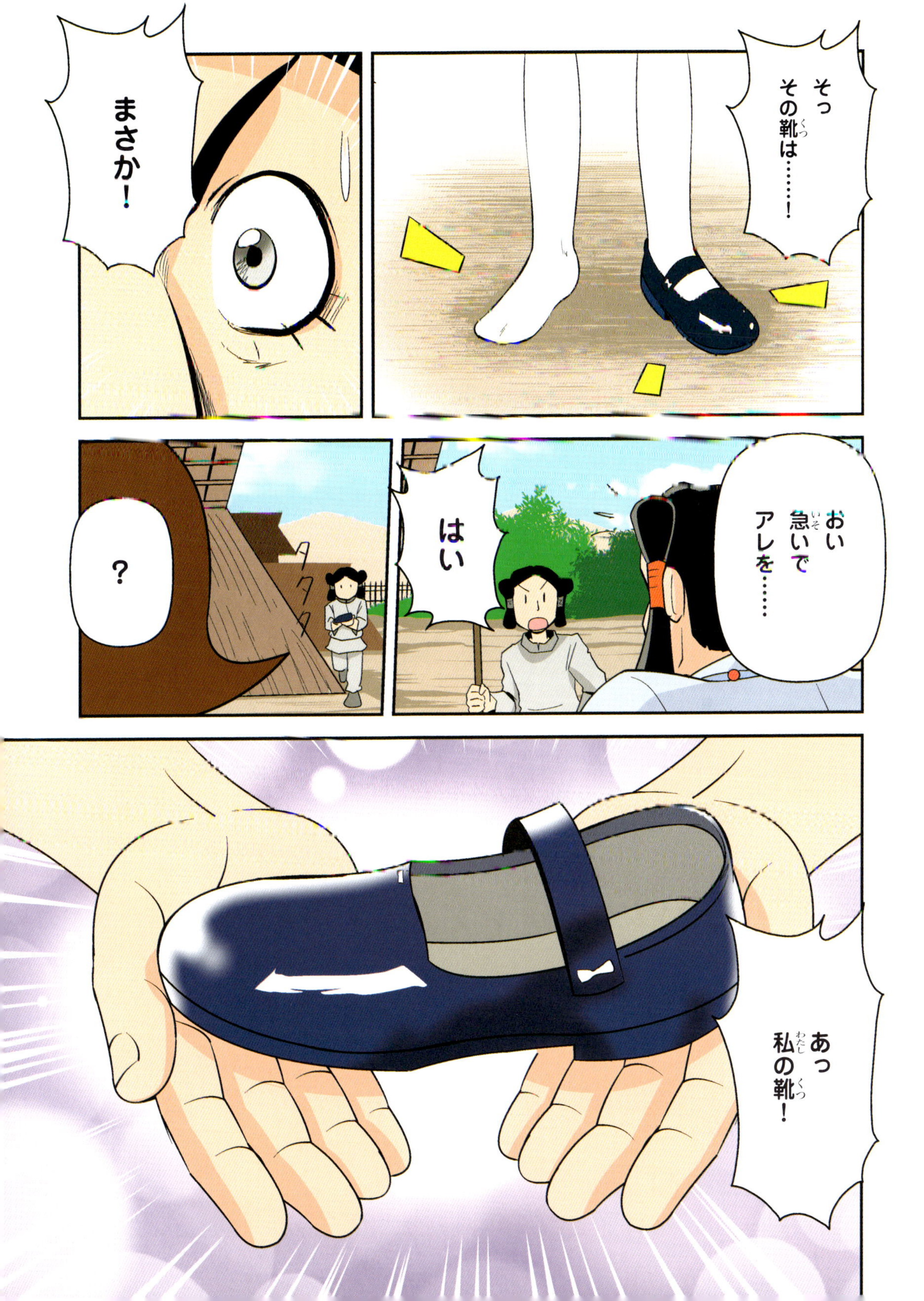

そっ
その靴《くつ》は……！
まさか！
おい
急《いそ》いで
アレを……
はい
？
タタタ
あっ
私《わたし》の靴《くつ》！

ピタッ
よかったー お気《き》に入《い》りの やつだったのよねー
なんと! おまえたちが じい様《さま》の言《い》っていた 神《かみ》の使《つか》いだったのか!
えっ?

この靴《くつ》は神《かみ》の使《つか》いの忘《わす》れ物《もの》だと……
ずっとじい様《さま》が大切《たいせつ》にしていてわしに託《たく》されたものなのだ！
そっそうだったの……
おまえたちに頼《たの》みがある！
きゃっはっはいいい？
今《いま》このクニではなぞの地震《じしん》が続《つづ》いていて民《たみ》たちがおびえてしまっている！
おまえたちから神様《かみさま》に頼《たの》んでこの地震《じしん》を止《と》めてもらってくれないか！
えええっ！そんなムチャな！

そんなことより
早《はや》く逃《に》げないと
たいへんなことに
なっちゃうわよ
無理《むり》だ！
それより
神様《かみさま》に早《はや》く
頼《たの》んでくれ！
ダメだわ
話《はなし》が全然《ぜんぜん》
噛《か》み合《あ》わない
うーん……
そうだ！
オレのおならのにおいを
まきちらせば
みんな逃《に》げ出《だ》すぞ！
そんなことしたら
みんな
たおれちゃうわよ！

グラッ!
うわっ!
グラグラ
ますます地震《じしん》が激《はげ》しくなってるぞ!
あーもーどうすればいいのよー……

火山《かざん》の噴火《ふんか》で埋《う》もれた村《むら》

①古墳時代《こふんじだい》の大噴火《だいふんか》

群馬県《ぐんまけん》にある榛名山《はるなさん》は、古墳時代《こふんじだい》の5世紀《せいき》の終《お》わり頃《ごろ》と6世紀中頃《せいきなかごろ》の2回《かい》、大《おお》きな噴火《ふんか》をしたことがわかっています。

この時《とき》に榛名山《はるなさん》から噴《ふ》き出《だ》した火山灰《かざんばい》や軽石《かるいし》、噴《ふん》火《か》にともなって発生《はっせい》した＊土石流《どせきりゅう》などが、ふもとにあったいくつかの村《むら》を、地面《じめん》の下《した》に埋《う》めてしまいました。

＊土石流《どせきりゅう》＝崩《くず》れた山《やま》の土砂《どしゃ》が、水《みず》と一緒《いっしょ》になってものすごい勢《いきお》いで流《なが》れ下《くだ》る現象《げんしょう》

柵《さく》で囲《かこ》まれた建物群《たてものぐん》
柵《さく》の中《なか》には掘《ほ》っ立《た》て柱《ばしら》の建物《たてもの》や畑《はたけ》などがある。建物《たてもの》は、住《す》まいや倉庫《そうこ》と考《かんが》えられる
竪穴住居《たてあなじゅうきょ》
柵《さく》の外側《そとがわ》にある住《す》まい。約《やく》5m四方《しほう》の大《おお》きさ
畑《はたけ》
建物《たてもの》の周《まわ》りに広《ひろ》がる。ヒエなどの雑穀《ざっこく》や豆《まめ》、イモ、野菜《やさい》などをつくっていたと考《かんが》えられている

火山灰《かざんばい》の下《した》から発見《はっけん》された村《むら》（模型《もけい》）
複数《ふくすう》の村《むら》が、6世紀中頃《せいきなかごろ》の2回目《かいめ》の噴火《ふんか》で火山灰《かざんばい》の下《した》に埋《う》もれた

②発見《はっけん》された古墳時代《こふんじだい》の村《むら》

ここ数十年《すうじゅうねん》の間《あいだ》に、榛名山《はるなさん》の噴火《ふんか》によって火山《かざん》灰《ばい》に埋《う》もれた古墳時代《こふんじだい》の村《むら》の遺跡《いせき》が次々《つぎつぎ》と発見《はっけん》されました。

発見《はっけん》された遺跡《いせき》の中《なか》には、火山灰《かざんばい》で埋《う》もれていたことで、建物《たてもの》や畑《はたけ》、道《みち》、生活《せいかつ》の跡《あと》などが、はっきりと残《のこ》されているものもあります。それらを研《けん》究《きゅう》することで、現在《げんざい》の私《わたし》たちが、古墳時代《こふんじだい》の人々《ひとびと》の生活《せいかつ》の様子《ようす》をありありと知《し》ることができます。

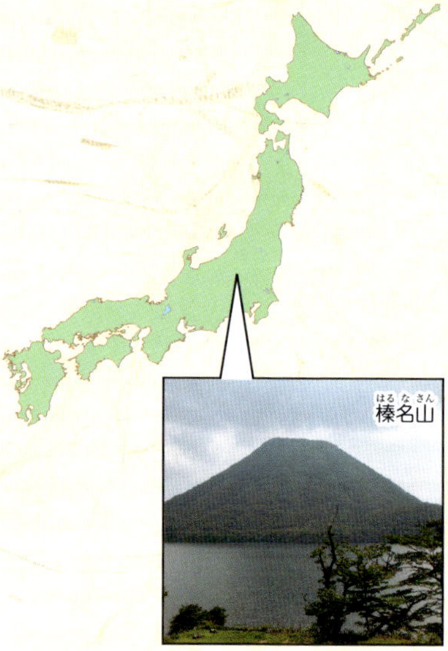

榛名山《はるなさん》

写真：ピクスタ

日本《にほん》は火山国《かざんこく》だから榛名山《はるなさん》のふもと以外《いがい》にも火山灰《かざんばい》に埋《う》もれた村《むら》がたくさんあったんじゃないかな？
私《わたし》たちの町《まち》の遺跡《いせき》みたいにね！

高崎市教育委員会・かみつけの里博物館蔵

大祭祀《だいさいし》の場《ば》
村《むら》の人々《ひとびと》が集《あつ》まって豊作《ほうさく》などを祈《いの》る祭《まつ》りをした場所《ばしょ》
畑《はたけ》
畑《はたけ》
家畜小屋《かちくごや》
いくつかの小《ちい》さな部《へ》屋《や》に仕切《しき》られている。牛《うし》や馬《うま》を飼《か》っていたと考《かんが》えられている
谷水田《たにすいでん》
水《みず》の豊富《ほうふ》な谷間《たにま》につくられた田《た》んぼ

もの知りコラム

外国《がいこく》にもあった！ 噴火《ふんか》で埋《う》もれた町《まち》

噴火《ふんか》で埋《う》もれた古代《こだい》の町《まち》といえば、イタリアのポンペイが世界《せかい》の中《なか》では最《もっと》も有名《ゆうめい》です。

ポンペイは、今《いま》から2千年《せんねん》ほど前《まえ》の西暦《せいれき》79年《ねん》、ベズビオ火山《かざん》の噴火《ふんか》によって一瞬《いっしゅん》にして滅《ほろ》びた町《まち》です。火山灰《かざんばい》の下《した》からは、石造《いしづく》りの町並《まちな》みや人々《ひとびと》が使《つか》っていた食器《しょっき》などの道具《どうぐ》だけでなく、逃《に》げ遅《おく》れた多《おお》くの犠牲者《ぎせいしゃ》の遺体《いたい》も発見《はっけん》されました。

発掘《はっくつ》されたポンペイの遺跡《いせき》（手前《てまえ》）とベズビオ火山《かざん》

ポンペイの遺跡《いせき》は、世界遺産《せかいいさん》に登録《とうろく》されている。しかし、劣化《れっか》が進《すす》んでいるため、現在《げんざい》、大《おお》がかりな修復《しゅうふく》プロジェクトが行《おこな》われている

写真：ピクスタ

10章《しょう》
危険《きけん》な火山《かざん》から人々《ひとびと》を守《まも》れ！

!
グラ
うわぁ もう立《た》っていられない!
グラ
この世《よ》の終《お》わりだぁー
みなの者《もの》こちらを見《み》よ
えっ?
パア

みなの者《もの》！もうすぐあの山《やま》は噴火《ふんか》するぞ！
今《いま》すぐ遠《とお》くに逃《に》げるのだ〜！
おおおおお！
こ　これは……じい様《さま》が言《い》っていた埴輪《はにわ》の神《かみ》！

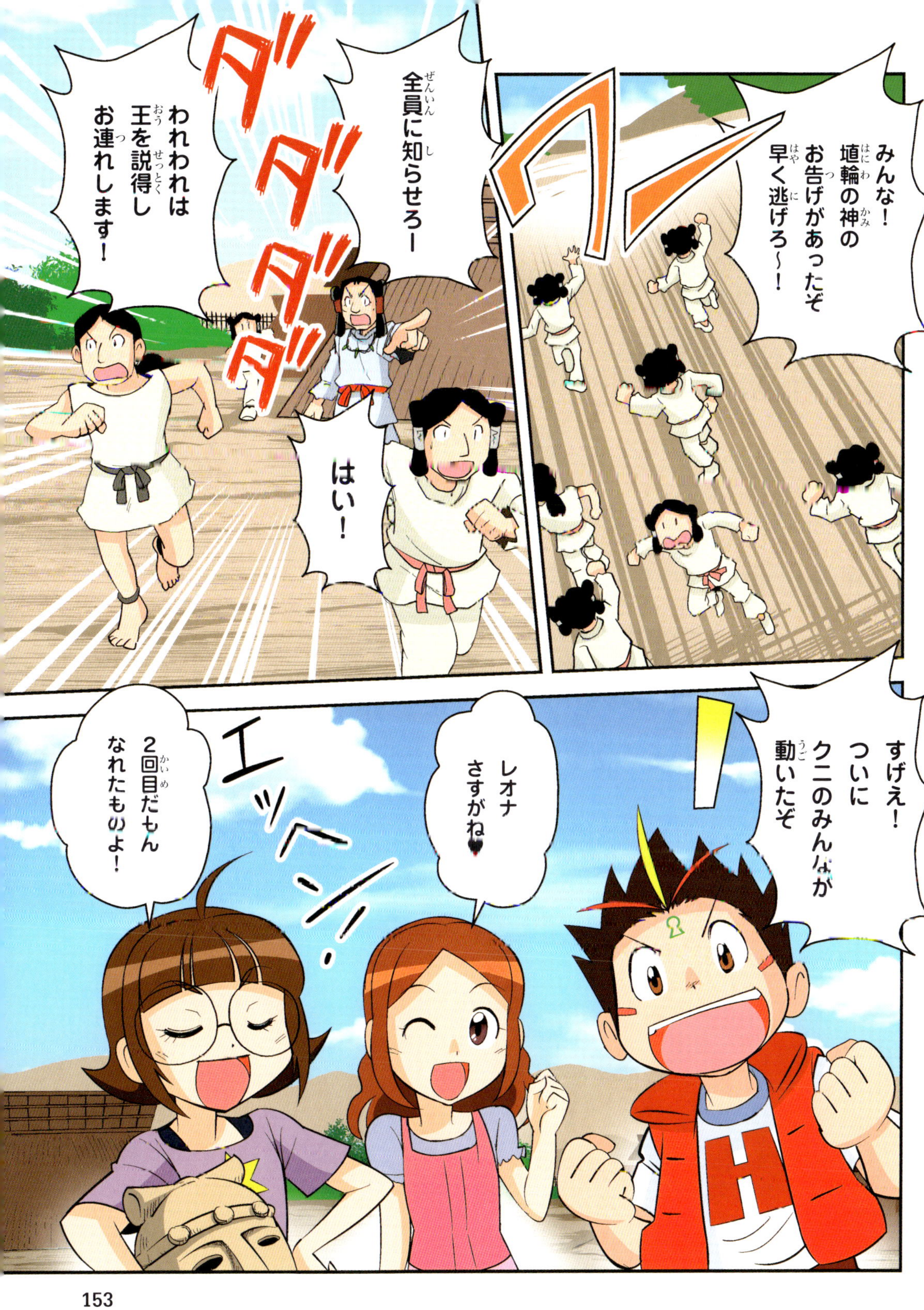

みんな！
埴輪《はにわ》の神《かみ》の
お告《つ》げがあったぞ
早《はや》く逃《に》げろ～！
ワ
全員《ぜんいん》に知《し》らせろー
ダダダダ
はい！
われわれは
王《おう》を説得《せっとく》し
お連《つ》れします！
すげえ！
ついに
クニのみんなが
動《うご》いたぞ
！
レオナ
さすがね
2回目《かいめ》だもん
なれたものよ！
エッヘン

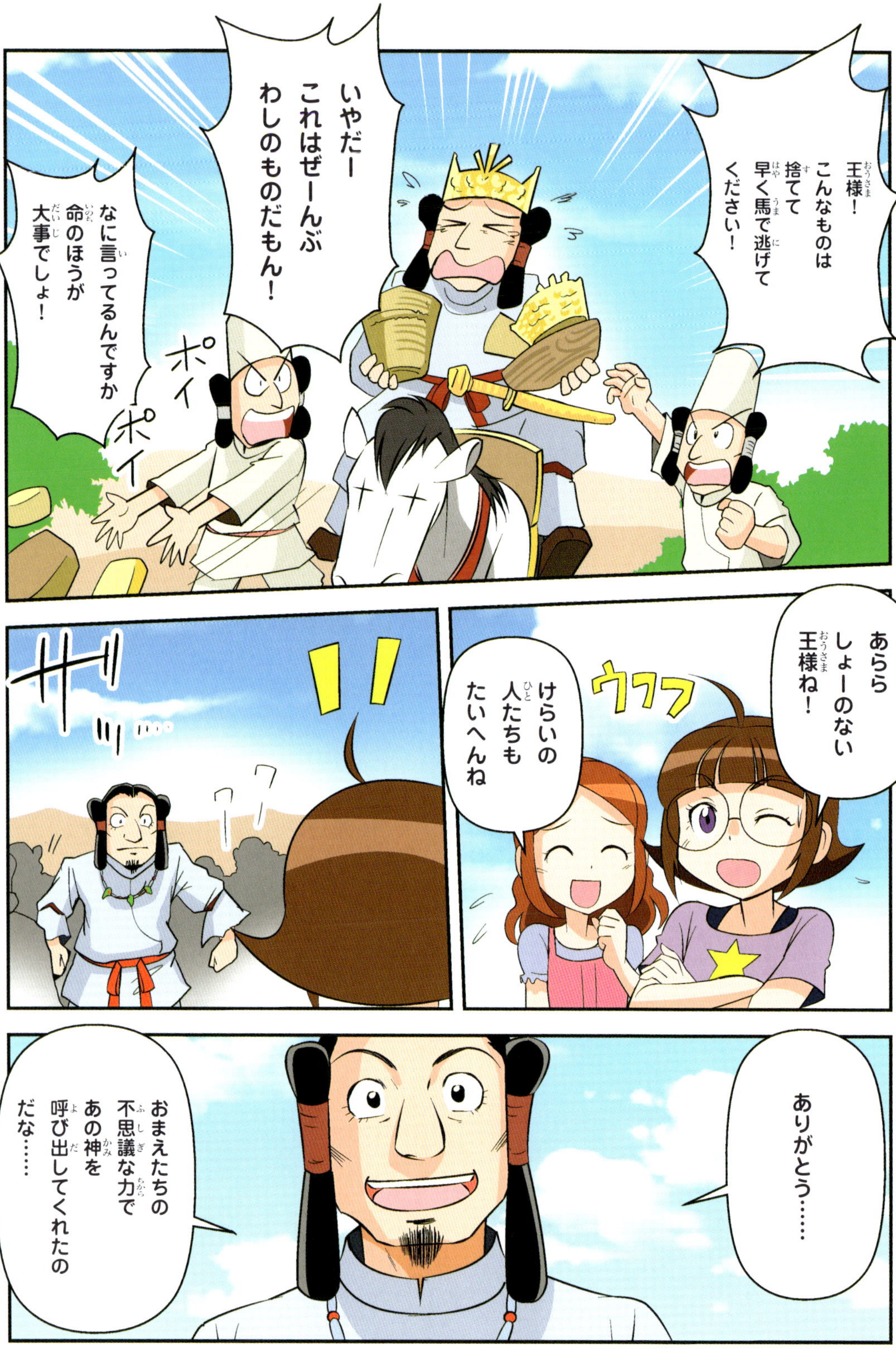
王様《おうさま》！こんなものは捨《す》てて早《はや》く馬《うま》で逃《に》げてください！
いやだー これはぜーんぶ わしのものだもん！
なに言《い》ってるんですか 命《いのち》のほうが大事《だいじ》でしょ！
ポイ ポイ
あらら しょーのない王様《おうさま》ね！
ウフフ
けらいの人《ひと》たちもたいへんね
!!
ザザッ……
ありがとう……
おまえたちの不思議《ふしぎ》な力《ちから》であの神《かみ》を呼《よ》び出《だ》してくれたのだな……

いくら神《かみ》とはいえ地震《じしん》を止《と》めてもらうというのはずうずうしい頼《たの》みだった……
これからこのクニの人々《ひとびと》はわしらが必《かなら》ず守《まも》ってみせる！
ハサミさん……
おまえたちも早《はや》く逃《に》げてくれ
世話《せわ》になった！元気《げんき》でな！
ドンッ！
ゴゴゴゴ!!
モクモクモク
うわっ！
いっいよいよ噴火《ふんか》がはじまった！

ドドド
みんなバルボードに乗《の》って！
うん！

ドドド
お――
よっしゃ！
21世紀《せいき》の日本《にほん》に
もどるぞ！

ギューン!
よしっ
行《い》くぜ――!
ガラガラ
ヒュー
うおおっ

よかった
みんな
助《たす》かったみたい
みんな
元気《げんき》でね！
ギュオオオ

ミュウゥゥーーー
トン
フウ
おう
帰《かえ》ってきた～!

私《わたし》たちの町《まち》……古墳《こふん》のある町《まち》！
ここが大昔《おおむかし》一度《いちど》　火山《かざん》の灰《はい》に埋《う》もれた町《まち》か……
今《いま》はすっかりきれいだね！
そういえばアンナクニは大丈夫《だいじょうぶ》かしら……
クニのみんなで力《ちから》を合《あ》わせれば大丈夫《だいじょうぶ》さ！

グ〜〜
あ〜〜
おなかすいたー
どんだけ
大《おお》きな
はらの虫《むし》なのよ！
ホセー
そろそろ
うちに
帰《かえ》ろうよ！
おう！
まだお祭《まつ》り
やってるはず
だしな！
クイ
クイ

えっ 帰《かえ》るって オット星《せい》っていう 遠《とお》い星《ほし》に？
うん いろいろ ありがとな！
・・・
じゃあな！ ふたりとも
フッ

ちょっと待《ま》った～！
えっ
私《わたし》たちの冒険《ぼうけん》これで終《お》わりにするわけにはいかないわ！
そうそうもっといろんな冒険《ぼうけん》を楽《たの》しませてもらわないとね♥

「古墳時代《こふんじだい》へタイムワープ」終《お》わり。

TIME WARP memo
歴史《れきし》なるほどメモ⑩

古墳《こふん》時代《じだい》の終《お》わり

①変化《へんか》していく古墳《こふん》づくり

6世紀《せいき》になると、古墳《こふん》づくりに大《おお》きな変化《へんか》が現《あらわ》れます。

大和朝廷《やまとちょうてい》の中心部《ちゅうしんぶ》である近畿地方《きんきちほう》では、それまでと変《か》わらずに大《おお》きな前方後円墳《ぜんぽうこうえんふん》がつくられていましたが、そのほかの地域《ちいき》では小型化《こがたか》したり、円墳《えんぷん》がたくさんつくられるようになりました。

これは、大和朝廷《やまとちょうてい》の力《ちから》が大《おお》きくなる一方《いっぽう》で、各地《かくち》を支配《しはい》していた豪族《ごうぞく》だけでなく、新《あたら》しく力《ちから》を持《も》った有力《ゆうりょく》な農民《のうみん》たちも古墳《こふん》をつくるようになったからだと考《かんが》えられています。

また、渡来人《とらいじん》がもたらした外国《がいこく》の文化《ぶんか》の影響《えいきょう》を受《う》けた変化《へんか》もあります。

竪穴式《たてあなしき》が主流《しゅりゅう》だった棺《ひつぎ》を納《おさ》める石室《せきしつ》は、朝鮮半島《ちょうせんはんとう》などの墓《はか》の影響《えいきょう》を受《う》けて、横穴式《よこあなしき》が増《ふ》えました（→118ページ）。さらに、高松塚古墳《たかまつづかこふん》などのように、石室《せきしつ》の壁《かべ》にきれいな絵《え》や模様《もよう》を描《えが》いた古墳《こふん》もつくられるようになりました。

もの知りコラム

美《うつく》しく飾《かざ》りつけられた古墳《こふん》

古墳時代《こふんじだい》の終《お》わり頃《ごろ》につくられた古墳《こふん》の中《なか》で、石室《せきしつ》や棺《ひつぎ》などに美《うつく》しい絵《え》や模様《もよう》が描《えが》かれたものを「装飾古墳《そうしょくこふん》」といいます。装飾古墳《そうしょくこふん》は、特《とく》に九州地方《きゅうしゅうちほう》でたくさん見《み》られます。

「装飾古墳《そうしょくこふん》」の例《れい》

王塚古墳石室《おうづかこふんせきしつ》（福岡県《ふくおかけん》）の装飾《そうしょく》（レプリカ）

６世紀中頃《せいきなかごろ》につくられた前方後円墳《ぜんぽうこうえんふん》で、石室《せきしつ》にたくさんの色《いろ》を使《つか》った模様《もよう》が描《えが》かれている。使《つか》われている色数《いろかず》は「装飾古墳《そうしょくこふん》」の中《なか》で最《もっと》も多《おお》いといわれている

王塚装飾古墳館所蔵 写真：朝日新聞社

②つくられなくなった古墳《こふん》

6世紀末《せいきまつ》から7世紀《せいき》にかけて、前方後円墳《ぜんぽうこうえんふん》はつくられなくなりました。7世紀中頃《せいきなかごろ》以降《いこう》、大王《おおきみ》の墓《はか》は、八角形《はっかくけい》の形《かたち》をした八角墳《はっかくふん》がつくられるようになります。さらに8世紀《せいき》に入《はい》ると、権力者《けんりょくしゃ》が大《おお》きな墓《はか》——古墳《こふん》をつくることはほとんどなくなりました。

古墳《こふん》がつくられなくなった理由《りゆう》には、様々《さまざま》なことが考《かんが》えられていますが、その中《なか》のひとつに、「仏教《ぶっきょう》」が日本《にほん》に広《ひろ》まったことで、死者《ししゃ》をとむらう方法《ほうほう》や考《かんが》え方《かた》が変化《へんか》したからというものがあります。

古墳《こふん》がつくられなくなるのと前後《ぜんご》して、日本《にほん》は仏教《ぶっきょう》文化《ぶんか》が盛《さか》んとなる飛鳥時代《あすかじだい》を迎《むか》えます。

飛鳥時代《あすかじだい》って厩戸皇子《うまやとのおうじ》（聖徳太子《しょうとくたいし》）が活躍《かつやく》した時代《じだい》よね！

竹原古墳《たけはらこふん》（福岡県《ふくおかけん》）の壁画《へきが》

6世紀後半頃《せいきこうはんごろ》につくられた円墳《えんぷん》で、石室《せきしつ》の壁《かべ》に、龍《りゅう》や馬《うま》、帽子《ぼうし》をかぶった人《ひと》、日《ひ》よけ、船《ふね》などが、あざやかに描《えが》かれている

写真：宮若市教育委員会

最先端《さいせんたん》の学問《がくもん》「仏教《ぶっきょう》」の伝来《でんらい》

538年《ねん》、朝鮮半島《ちょうせんはんとう》の百済《くだら》から、日本《にほん》に「仏教《ぶっきょう》」が伝《つた》えられました（552年《ねん》という説《せつ》もあり）。

仏教《ぶっきょう》は当時《とうじ》の人々《ひとびと》には、単《たん》なる宗教《しゅうきょう》ではなく、複雑《ふくざつ》な理論《りろん》を持《も》った最先端《さいせんたん》の学問《がくもん》として受《う》け止《と》められました。

大和朝廷《やまとちょうてい》の有力《ゆうりょく》な豪族《ごうぞく》だった蘇我馬子《そがのうまこ》や、馬子《うまこ》と協力《きょうりょく》して政治《せいじ》を行《おこな》った厩戸皇子《うまやとのおうじ》は、仏教《ぶっきょう》を熱心《ねっしん》に広《ひろ》めました。

教《おし》えて!! 河合先生《かわいせんせい》

ぼくといっしょに、
タイムワープの冒険《ぼうけん》を振《ふ》り返《かえ》ろう。
マンガの裏話《うらばなし》や、時代《じだい》にまつわる
おもしろ話《ばなし》も紹介《しょうかい》するよ！

歴史研究家《れきしけんきゅうか》：河合 敦先生《かわいあつしせんせい》

古墳時代《こふんじだい》おまけ話《ばなし》

1 古墳時代《こふんじだい》ヒトコマ博物館《はくぶつかん》

▲稲荷山古墳《いなりやまこふん》　写真：朝日新聞社

「金錯銘鉄剣《きんさくめいてっけん》（裏面《うらめん》）」（国宝《こくほう》）
埼玉県行田市《さいたまけんぎょうだし》にある、稲荷山古墳《いなりやまこふん》から発見《はっけん》された鉄剣《てっけん》。鉄剣《てっけん》に刻《きざ》まれている「獲加多支鹵大王」の文字《もじ》は、ワカタケル大王《おおきみ》と読《よ》め、『日本書紀《にほんしょき》』に「オオハツセワカタケル」と名前《なまえ》が伝《つた》わる雄略天皇《ゆうりゃくてんのう》のことと考《かんが》えられている

埼玉県立さきたま史跡の博物館蔵

巨大古墳《きょだいこふん》を見《み》にいく

河合先生《かわいせんせい》：アーサ、ホセ、ナルル、巨大《きょだい》古墳《こふん》はどうだったかい？

ホセ：すっごくでかい古墳《こふん》だった！　カッコよかったよ！

ナルル：面白《おもしろ》い形《かたち》の土人形《つちにんぎょう》が、たくさんあったんだよ。

河合先生《かわいせんせい》：埴輪《はにわ》だね（→46ページ）。アーサは埴輪《はにわ》づくりが上手《じょうず》だったね。

アーサ：ありがとう。アート心《ごころ》をくすぐられちゃって、つい熱中《ねっちゅう》しちゃった。

河合先生《かわいせんせい》：レオナとキサキの「レ・キ女《じょ》コンビ」も、古墳時代《こふんじだい》は楽《たの》しめたかい？

レオナ：はい！　前方後円墳《ぜんぽうこうえんふん》（→23、38ページ）づくりが見《み》られてコーフンしてます！

キサキ：ハササミのムラで、火山《かざん》の噴火《ふんか》に巻《ま》き込《こ》まれそうになった時《とき》は、けっこう怖《こわ》かったけど——。

ホセ：みんなで力《ちから》を合《あ》わせて、クニの人《ひと》たちを避難《ひなん》させるのに成功《せいこう》したんだぜ！

河合先生《かわいせんせい》：うん！　みんな大活躍《だいかつやく》だったね！

発見《はっけん》された鉄剣《てっけん》

アーサ：そういえば、古墳《こふん》の中《なか》にはどんな物《もの》が入《はい》っているの？

河合先生《かわいせんせい》：鉄製《てっせい》の甲冑《かっちゅう》や武器《ぶき》など、いろいろな物《もの》が見《み》つかっているよ。中《なか》には、金《きん》の靴《くつ》もあったんだ（→119ページ）。

レオナ：古墳《こふん》に納《おさ》められた品々《しなじな》は、副葬品《ふくそうひん》っていうのよ。

キサキ：ほとんどが、発掘前《はっくつまえ》に盗《ぬす》まれてしまったから、発見《はっけん》された物《もの》はすごく貴重《きちょう》な品《しな》なのよ。

河合先生《かわいせんせい》：さすがレ・キ女《じょ》だ。よく勉強《べんきょう》しているね。

右《みぎ》の写真《しゃしん》は、その貴重《きちょう》な品《しな》の1つなんだ。埼玉県《さいたまけん》の稲荷山古墳《いなりやまこふん》から発見《はっけん》された鉄剣《てっけん》だよ。

アホナ3兄弟《きょうだい》：鉄剣《てっけん》!?　カッコイイー!!

河合先生《かわいせんせい》：『日本書紀《にほんしょき》』に出《で》てくる、ワカタケルと読《よ》める文字《もじ》が刻《きざ》まれているんだ。

レオナ：ワカタケル大王《おおきみ》って、雄略天皇《ゆうりゃくてんのう》のことね！（→172ページ）

河合先生《かわいせんせい》：そうだよ、よく知《し》ってるね。

ホセ：その人《ひと》が持《も》ち主《ぬし》なの？

河合先生《かわいせんせい》：ワカタケル大王《おおきみ》に仕《つか》えた地方《ちほう》の豪族《ごうぞく》の物《もの》だったみたいだね。

ナルル：大王《おおきみ》からもらったのかな？

河合先生《かわいせんせい》：そう考《かんが》えられているよ。

アーサ：素敵《すてき》なデザインの文字《もじ》だね。

河合先生《かわいせんせい》：裏表《うらおもて》に計《けい》115文字《もじ》も刻《きざ》まれているんだよ！

2

古墳時代《こふんじだい》ビックリ報告《ほうこく》

ついに世界文化遺産《せかいぶんかいさん》に！ 百舌鳥《もず》・古市古墳群《ふるいちこふんぐん》

巨大古墳《きょだいこふん》が集《あつ》まる日本《にほん》を代表《だいひょう》する古墳群《こふんぐん》

大阪府《おおさかふ》の南側《みなみがわ》には、世界最大級《せかいさいだいきゅう》の墳墓《ふんぼ》・大仙《だいせん》（大山《だいせん》）陵古墳《りょうこふん》（↓38、39ページ）をはじめ、いくつもの前方後円墳《ぜんぽうこうえんふん》や円墳《えんぷん》など（↓23ページ）が集《あつ》まる、大規模《だいきぼ》な古墳群《こふんぐん》が2つあります。大仙陵古墳《だいせんりょうこふん》を含《ふく》む百舌鳥《もず》古墳群《こふんぐん》と、国内《こくない》で2番目《ばんめ》の規模《きぼ》を誇《ほこ》る応神《おうじん》天皇陵《てんのうりょう》古墳《こふん》を含《ふく》む、古市古墳群《ふるいちこふんぐん》です。

ここにある古墳《こふん》は、大王《おおきみ》の墓《はか》のほか、大《おお》王《きみ》の親族《しんぞく》や彼《かれ》らに仕《つか》えた人々《ひとびと》が眠《ねむ》る墓《はか》などだと考《かんが》えられています。

百舌鳥古墳群《もずこふんぐん》

ニサンザイ古墳《こふん》
いたすけ古墳《こふん》
履中天皇陵古墳《りちゅうてんのうりょうこふん》
御廟山古墳《ごびょうやまこふん》
大仙陵古墳《だいせんりょうこふん》

大切《たいせつ》な文化遺産《ぶんかいさん》を守《まも》ろう!!

写真：すべて朝日新聞社

都市《とし》に眠《ねむ》る巨大古墳《きょだいこふん》 百舌鳥古墳群《もずこふんぐん》

大仙陵古墳内《だいせんりょうこふんない》の様子《ようす》

本来は立ち入りが禁止されているが、1948（昭和《しょうわ》23）年暮《ねんく》れに、雑誌《ざっし》「アサヒグラフ」（朝日新聞社《あさひしんぶんしゃ》）の取材《しゅざい》が許《ゆる》され、その時《とき》に撮影《さつえい》されたもの

百舌鳥《もず》古墳群《こふんぐん》は、大阪府堺市《おおさかふさかいし》の北西部《ほくせいぶ》で、住宅《じゅうたく》が密集《みっしゅう》する都市《とし》の中《なか》にある、東西南北《とうざいなんぼく》約《やく》4kmに広《ひろ》がる古墳群《こふんぐん》です。

大仙陵古墳《だいせんりょうこふん》のそばには、国内《こくない》で3番目《ばんめ》に大《おお》きい履中天皇陵古墳《りちゅうてんのうりょうこふん》（全長約《ぜんちょうやく》365m）、少《すこ》し離《はな》れた所《ところ》には国内《こくない》で7番目《ばんめ》に大《おお》きいニサンザイ古墳《こふん》（全長約《ぜんちょうやく》300m）もあります。

かつては100基以上《きいじょう》の古墳《こふん》がありましたが、田畑《たはた》や道路《どうろ》、住宅《じゅうたく》などをつくるため、ほとんどが壊《こわ》されてしまい、現在《げんざい》は44基《き》が残《のこ》されています。

丘陵《きゅうりょう》に広《ひろ》がる 古市古墳群《ふるいちこふんぐん》

古市古墳群《ふるいちこふんぐん》は、百舌鳥古墳群《もずこふんぐん》より少《すこ》し内陸寄《ないりくよ》りの、大阪府羽曳野市《おおさかふはびきのし》と藤井寺市《ふじいでらし》にかかるなだらかな丘《おか》が続《つづ》く場所《ばしょ》にあります。東西南北《とうざいなんぼく》約《やく》4kmに広《ひろ》がる古墳群《こふんぐん》です。

最《もっと》も大《おお》きな古墳《こふん》は、応神天皇陵古墳《おうじんてんのうりょうこふん》（全長約《ぜんちょうやく》425m）です。その周囲《しゅうい》には、国内《こくない》で9番目《ばんめ》に大《おお》きい仲姫命陵古墳《なかつひめのみことりょうこふん》（全長約《ぜんちょうやく》290m）をはじめ、全長《ぜんちょう》が200mを超《こ》える前方後円墳《ぜんぽうこうえんふん》が7基《き》もあります。

かつては、10m未満《みまん》の小《ちい》さなものも合《あ》わせて120基以上《きいじょう》の古墳《こふん》がありましたが、現在《げんざい》は44基《き》が残《のこ》されています。

古市古墳群《ふるいちこふんぐん》

允恭天皇陵古墳《いんぎょうてんのうりょうこふん》
仲姫命陵古墳《なかつひめのみことりょうこふん》
応神天皇陵古墳《おうじんてんのうりょうこふん》
墓山古墳《はかやまこふん》
白鳥陵古墳《はくちょうりょうこふん》

大事《だいじ》な古墳《こふん》を守《まも》ろう！

世界《せかい》の各地《かくち》には、昔《むかし》の人々《ひとびと》が残《のこ》した貴重《きちょう》な遺産《いさん》がたくさんあります。これら人類《じんるい》の財産《ざいさん》を守《まも》るため、ユネスコの総会《そうかい》で「世界《せかい》の文化遺産及《ぶんかいさんおよ》び自然遺産《しぜんいさん》の保護《ほご》に関《かん》する条約《じょうやく》（世界遺産条約《せかいいさんじょうやく》）」が採択《さいたく》され、遺産《いさん》の保護《ほご》が行《おこな》われています。百舌鳥《もず》・古市古墳群《ふるいちこふんぐん》は2019年《ねん》、世界文化遺産《せかいぶんかいさん》に登録《とうろく》されました。

絶対的《ぜったいてき》な権力《けんりょく》を握《にぎ》った大王《おおきみ》

ワカタケル大王《おおきみ》（雄略天皇《ゆうりゃくてんのう》）

天下《てんか》は
大王《おおきみ》が
治《おさ》めるのだ

豪族《ごうぞく》を制圧《せいあつ》し、大王《おおきみ》の時代《じだい》をつくる

『古事記《こじき》』や『日本書紀《にほんしょき》』によると、ワカタケル大王《おおきみ》は、兄弟《きょうだい》を殺《ころ》して大王《おおきみ》になった、とても気性《きしょう》の激《はげ》しい人物《じんぶつ》だったそうです。

ワカタケル大王《おおきみ》以前《いぜん》の大王《おおきみ》とは、あくまでも豪族《ごうぞく》たちをまとめるリーダー役《やく》で、絶《ぜっ》対的《たいてき》な力《ちから》は持《も》っていませんでした。そんな中《なか》、ワカタケル大王《おおきみ》は、中央《ちゅうおう》や地方《ちほう》の有力《ゆうりょく》豪族《ごうぞく》を制圧《せいあつ》して力《ちから》を強《つよ》め、絶対的《ぜったいてき》な権力《けんりょく》を握《にぎ》ってクニを治《おさ》めたようです。稲荷山古墳《いなりやまこふん》から出土《しゅつど》した鉄剣《てっけん》（↓168ページ）には、「天下《てんか》を治《おさ》めるワカタケル大王《おおきみ》」という、大王《おおきみ》の権力《けんりょく》の強《つよ》さを表《あらわ》すような意味《いみ》の文字《もじ》が刻《きざ》まれています。

中国《ちゅうごく》の古《ふる》い史料《しりょう》『宋書《そうしょ》』などに記《しる》された、倭《わ》の五王《ごおう》（↓87ページ）の中《なか》の「武《ぶ》」は、時代《じだい》が一致《いっち》するなどの理由《りゆう》から、雄略天皇《ゆうりゃくてんのう》だと考《かんが》えられています。

雄略天皇《ゆうりゃくてんのう》（5世紀後半《せいきこうはん》）

古墳時代《こふんじだい》の大王《おおきみ》（天皇《てんのう》）。第《だい》21代天皇《だいてんのう》とされている。本名《ほんみょう》は大泊瀬幼武（オオハツセワカタケル）で、「雄略《ゆうりゃく》」は死後《しご》つけられた。父《ちち》・允恭天皇《いんぎょうてんのう》と母《はは》・忍坂大中姫命《おしさかのおおなかつひめのみこと》の息子《むすこ》で、仁徳天皇《にんとくてんのう》の孫《まご》。

▶ミソサザイ
仁徳天皇《にんとくてんのう》の本名《ほんみょう》はオオサザキといい、サザキはミソサザイという鳥《とり》のこと。ミソサザイは、日《に》本《ほん》で最小《さいしょう》の鳥《とり》の1つ。小《ちい》さな体《からだ》だが、大《おお》きな声《こえ》でさえずる
写真：ピクスタ

民《たみ》の幸《しあわ》せが
国《くに》の幸《しあわ》せだ

民《たみ》のために尽《つ》くした聖帝《ひじりのみかど》
仁徳天皇《にんとくてんのう》

　仁徳天皇《にんとくてんのう》は、313年《ねん》に即位《そくい》したと伝《つた》わります。貧困《ひんこん》に苦《くる》しむ民《たみ》のために税金《ぜいきん》を免除《めんじょ》したり、大規模《だいきぼ》な土木工事《どぼくこうじ》を行《おこな》って人々《ひとびと》の生活《せいかつ》を改善《かいぜん》したりしたエピソード（→70ページ）が示《しめ》す通《とお》り、民《たみ》を思《おも》う優《すぐ》れた政治家《せいじか》だったようです。そんな仁徳天皇《にんとくてんのう》は、人々《ひとびと》から「聖《ひじりの》帝《みかど》」とたたえられています。
『宋書《そうしょ》』などに記《しる》された、倭《わ》の五王《ごおう》の中《なか》の「讃《さん》（賛《さん》）」が、仁徳天皇《にんとくてんのう》の本名《ほんみょう》の「オオサザキ」に音《おん》が似《に》ていることから、「讃《さん》（賛《さん》）」は仁徳天皇《にんとくてんのう》ではないかという考《かんが》えがあります。

仁徳天皇《にんとくてんのう》（5世紀前半《せいきぜんはん》）
古墳時代《こふんじだい》の大王《おおきみ》。第《だい》16代天皇《だいてんのう》とされている。本名《ほんみょう》は大雀・大鷦鷯（オオサザキ）で、「仁徳《にんとく》」は死後《しご》つけられた。父《ちち》・応神天皇《おうじんてんのう》と母《はは》・仲姫命《なかつひめのみこと》の息子《むすこ》で、雄略天皇《ゆうりゃくてんのう》の祖父《そふ》。

どちらも
倭《わ》の五王《ごおう》の
ひとりと
考《かんが》えられて
おるのじゃ

4
古墳時代《こふんじだい》 ウンチク こぼれ話《ばなし》

【オオサザキ大王《おおきみ》と鳥《とり》の名前《なまえ》】

オオサザキが生《う》まれた時《とき》、彼《かれ》が生《う》まれた建物《たてもの》にミミズクが来《き》たそうです。この時《とき》、オオサザキの父《ちち》・応神天皇《おうじんてんのう》は、けらいの武内宿禰《たけのうちのすくね》から「鳥《とり》が来《く》るのはめでたい印《しるし》」だと教《おし》えられます。また宿禰《すくね》は、「自分《じぶん》の子《こ》どもが生《う》まれた時《とき》は、ミソサザイが来《き》た」とも伝《つた》えました。その話《はなし》を聞《き》いた応神天皇《おうじんてんのう》は、鳥《とり》の名前《なまえ》を交換《こうかん》して、互《たが》いの子《こ》どもに名《な》づけようと持《も》ちかけたそうです。そして、ミソサザイ（サザキ）をとって、オオサザキと名《な》づけたそうです。

【ハヤブサワケとその妻《つま》メトリノヒメミコ】

『日本書紀《にほんしょき》』によると、オオサザキ大王《おおきみ》の弟《おとうと》・ハヤブサワケの妻《つま》のメトリノヒメミコは、大王《おおきみ》の妻《つま》のヤタノヒメミコの妹《いもうと》です。

メトリノヒメミコを気《き》に入《い》ったオオサザキ大王《おおきみ》は、彼女《かのじょ》も妻《つま》のひとりにしようと考《かんが》え、ハヤブサワケを使者《ししゃ》として彼女《かのじょ》のもとに送《おく》りました。ところが、ハヤブサワケも彼女《かのじょ》のことを気《き》に入《い》り、自分《じぶん》の妻《つま》にしてしまったのです。この時《とき》オオサザキ大王《おおきみ》は、ふたりの仲《なか》をしぶしぶ認《みと》めましたが、本当《ほんとう》は恨《うら》みに思《おも》っていたとされています。

その時《とき》の恨《うら》みからか、ハヤブサワケが大王《おおきみ》の座《ざ》を狙《ねら》っていると疑《うたが》われ、追《お》い詰《つ》められてメトリノヒメミコと逃亡《とうぼう》した時《とき》、オオサザキ大王《おおきみ》はふたりに兵《へい》を差《さ》し向《む》けました（↓65ページ）。その後《ご》ハヤブサワケとメトリノヒメミコは、兵《へい》によって殺《ころ》されてしまったそうです。

【大仙陵古墳《だいせんりょうこふん》で宴会《えんかい》が行《おこな》われていた!?】

大仙陵古墳《だいせんりょうこふん》は、明治《めいじ》の末《すえ》に立《た》ち入《い》りを禁止《きんし》されるまでは、自由《じゆう》に出入《でい》りできたそうです。

戦国時代《せんごくじだい》に、天下統一《てんかとういつ》に成功《せいこう》した豊臣秀吉《とよとみひでよし》は、大仙陵古墳《だいせんりょうこふん》の中《なか》で狩《か》りを楽《たの》しんだという記録《きろく》が残《のこ》されています。

また江戸時代《えどじだい》には、近所《きんじょ》の人々《ひとびと》の宴会《えんかい》の場所《ばしょ》として親《した》しまれていたそうです。古墳《こふん》の上《うえ》で、お酒《さけ》を飲《の》んで宴会《えんかい》を開《ひら》くこともあったようで、堺《さかい》の奉行所《ぶぎょうしょ》から「大酒《おおざけ》を飲《の》んでケンカをしないように」というお達《たっ》しが出《で》たこともあったと伝《つた》わります。

明治時代《めいじじだい》になると、天皇《てんのう》のお墓《はか》に登《のぼ》るのは恐《おそ》れ多《おお》いこととされ、古墳《こふん》の中《なか》に入《はい》ることは禁止《きんし》されてしまいました。

古墳《こふん》の上《うえ》で
お弁当《べんとう》を
食《た》べたいな〜！

【古墳《こふん》の名前《なまえ》はどうやってつけてるの？】

何百年《なんびゃくねん》も前《まえ》につくられた古墳《こふん》が誰《だれ》の墓《はか》なのか、はっきりとはわからないものもたくさんあります。そのため、古墳《こふん》がある土地《とち》の名前《なまえ》をつけたり、古墳《こふん》の形《かたち》を名称《めいしょう》にしたりしています。

例《たと》えば、大仙陵古墳《だいせんりょうこふん》は、大阪府《おおさかふ》の大仙町《だいせんちょう》にあるためこう呼《よ》ばれています。また、カメの形《かたち》に似《に》ていることから亀塚《かめづか》と呼《よ》ばれている古墳《こふん》や、古墳《こふん》のある土地《とち》の所有者《しょゆうしゃ》の名《な》前《まえ》をとって、源右衛門山古墳《げんえもんやまこふん》と呼《よ》ばれているものもあります。

どの古墳《こふん》がどの天皇《てんのう》の墓《はか》かについては、幕末《ばくまつ》から明治時代《めいじじだい》の初《はじ》め頃《ごろ》にかけて、学者《がくしゃ》たちによって決《き》められました。そのため、間違《まちが》いも少《すく》なくありません。

古墳《こふん》って
どれも
面白《おもしろ》い
形《かたち》だよね

【大仙陵古墳《だいせんりょうこふん》が海《うみ》の近《ちか》くにあるのはナゼ？】

大仙陵古墳《だいせんりょうこふん》は、大阪湾《おおさかわん》に近《ちか》い所《ところ》にあります。古墳時代《こふんじだい》は、ビルや大《おお》きな建物《たてもの》がなかったので、高《たか》さ約《やく》33〜35mの巨大《きょだい》な古墳《こふん》は、大阪湾《おおさかわん》を行《い》き来《き》する船《ふね》の上《うえ》からでも見《み》えたそうです。当時《とうじ》の日本《にはん》は、中国《ちゅうごく》や朝鮮《ちょうせん》などと積極的《せっきょくてき》な交流《こうりゅう》を持《も》っていました（→87ページ）。海外《かいがい》の人々《ひとびと》は、船《ふね》で海《うみ》を渡《わた》って大阪湾《おおさかわん》に入《はい》り、この巨大《きょだい》な墓《はか》を見《み》てとても驚《おどろ》いたことでしょう。巨大古墳《きょだいこふん》を海《うみ》の近《ちか》くにつくったのは、海外《かいがい》の人々《ひとびと》に日本《にほん》の技術《ぎじゅつ》力《りょく》の高《たか》さや、権力者《けんりょくしゃ》の力《ちから》を見《み》せつける目的《もくてき》があったのかもしれません。

大仙陵古墳《だいせんりょうこふん》は
海外《かいがい》の人々《ひとびと》を
驚《おどろ》かせたのよ

できた当初《とうしょ》の古墳《こふん》は、表面《ひょうめん》にびっしりしきつめられた石《いし》に太陽《たいよう》の光《ひかり》が反射《はんしゃ》して、光《ひか》り輝《かがや》いて見《み》えたはずです。国内《こくない》の人々《ひとびと》はもちろん、きっと海外《かいがい》の人々《ひとびと》も、その姿《すがた》に圧《あっ》倒《とう》されたことでしょうね。

古墳時代《こふんじだい》の話《はなし》は
これでおしまい！
別《べつ》の時代《じだい》で、
また会《あ》おうね！

弥生時代《やよいじだい》〜飛鳥時代初《あすかじだいはじ》め年表《ねんぴょう》

時代	年	できごと
弥生時代《やよいじだい》	239年《ねん》	倭《わ》（日本《にほん》）の女王《じょおう》・卑弥呼《ひみこ》が、魏《ぎ》（中国《ちゅうごく》）に使《つか》いを送《おく》る
	266年《ねん》	倭《わ》の女王《じょおう》が西晋《せいしん》（中国《ちゅうごく》）に使《つか》いを送《おく》る
古墳時代《こふんじだい》	3世紀後半《せいきこうはん》	この頃《ころ》、前方後円墳《ぜんぽうこうえんふん》が現《あらわ》れる
		この頃《ころ》、大和朝廷《やまとちょうてい》（大和政権《やまとせいけん》）が生《う》まれる
	391年《ねん》	倭《わ》の軍《ぐん》が朝鮮半島《ちょうせんはんとう》の百済《くだら》、新羅《しらぎ》と戦《たたか》う
	5世紀初《せいきはじ》め頃《ごろ》	倭《わ》の軍《ぐん》が朝鮮半島《ちょうせんはんとう》の高句麗《こうくり》と戦《たたか》う
	421年《ねん》	倭王《わおう》・讃《さん》（賛《さん》）が宋《そう》（中国《ちゅうごく》）に使《つか》いを送《おく》る
	438年《ねん》	倭王《わおう》・珍《ちん》（彌《み》）が宋《そう》に使《つか》いを送《おく》る
	443年《ねん》	倭王《わおう》・済《せい》が宋《そう》に使《つか》いを送《おく》る

古墳時代《こふんじだい》／飛鳥時代《あすかじだい》

5世紀《せいき》半《なか》ば	この頃《ころ》、大仙陵古墳《だいせんりょうこふん》ができる
478年《ねん》	倭《わ》王《おう》・武《ぶ》が宋《そう》に使《つか》いを送《おく》る
538年《ねん》	百済《くだら》から仏教《ぶっきょう》が伝《つた》わる（552年説《ねんせつ》もあり）
554年《ねん》	倭《わ》と百済《くだら》の軍《ぐん》が新羅《しらぎ》と戦《たたか》う
587年《ねん》	蘇我馬子《そがのうまこ》が物部守屋《もののべのもりや》とその一族《いちぞく》を滅《ほろ》ぼす
6世紀末《せいきまつ》	この頃《ころ》から、前方後円墳《ぜんぽうこうえんふん》がつくられなくなる
592年《ねん》	推古天皇《すいこてんのう》が天皇《てんのう》の位《くらい》につく
593年《ねん》	推古天皇《すいこてんのう》が厩戸皇子《うまやとのおうじ》（聖徳太子《しょうとくたいし》）を摂政《せっしょう》にする
600年《ねん》	倭《わ》が隋《ずい》（中国《ちゅうごく》）に使《つか》いを送《おく》るが、国交《こっこう》は結《むす》べず（第《だい》1回遣隋使《かいけんずいし》）

監修	河合敦
編集デスク	大宮耕一、橋田真琴
編集スタッフ	泉ひろえ、河西久実、庄野勢津子、十枝慶二、中原崇
シナリオ	泉ひろえ
コラムイラスト	相馬哲也、中藤美里、市川智茂、横山みゆき、谷口正孝、福永胡桃、イセケヌ
コラム図版	平凡社地図出版
参考文献	『早わかり日本史』河合敦著 日本実業出版社／『詳説 日本史研究 改訂版』佐藤信・五味文彦・高埜利彦・鳥海靖編 山川出版社／『山川 詳説日本史図録』詳説日本史図録編集委員会編 山川出版社／『新版 これならわかる！ナビゲーター 日本史B ①原始・古代～南北朝』山川出版社／『日本人はどのように建造物をつくってきたか6 巨大古墳 前方後円墳の謎を解く』森浩一著 穂積和夫イラストレーション 草思社／『日本の遺跡と遺産② 古墳』武井正弘著 岩崎書店／『百舌鳥・古市古墳群 堺市世界遺産学習ノート』堺市教育委員会 学校教育部 学校指導課編／『百舌鳥古墳群ガイドブック＝古墳のなぜ？なに？＝』堺市博物館編・発行／『よみがえる5世紀の世界 かみつけの里博物館常設展示解説書』かみつけの里博物館企画・編集／『はくぶつかん探検隊』かみつけの里博物館企画・編集／「週刊マンガ日本史 改訂版」1号 朝日新聞出版／「新週刊マンガ日本史」1、2号 朝日新聞出版／「週刊なぞとき」30号 朝日新聞出版

※本シリーズのマンガは、史実をもとに脚色を加えて構成しています。

古墳時代へタイムワープ

2018年 3月30日　第1刷発行
2022年 2月20日　第7刷発行

著者	マンガ：工藤ケン／ストーリー：チーム・ガリレオ
発行者	橋田真琴
発行所	朝日新聞出版
	〒104-8011
	東京都中央区築地5-3-2
	編集　生活・文化編集部
	電話　03-5540-7015（編集）
	03-5540-7793（販売）
印刷所	株式会社リーブルテック

ISBN978-4-02-331662-1
本書は2017年刊『古墳時代のサバイバル』を増補改訂し、改題したものです

落丁・乱丁の場合は弊社業務部（03-5540-7800）へご連絡ください。送料弊社負担にてお取り替えいたします。

©2018 Ken Kudou, Asahi Shimbun Publications Inc.
Published in Japan by Asahi Shimbun Publications Inc.

本《ほん》の感想《かんそう》や知《し》ったことを書《か》いておこう。